VALÉRY TSIMBA

AUS DEM FRANZÖSISCHEN VON SABINE HESEMANN

MEIN PERMAKULTUR BALKON

Obst und Gemüse ernten auf 4m²

MEIN PERMAKULTUR-BALKON

INHALT

DIE KULTUREN IM JAHRESLAUF

GEMEINSCHAFTSGÄRTEN

EIN BALKON FÜR KÖRPER UND GEIST

Ich heiße Valéry und ich baue mit großer Freude auf meinem Balkon und zwei Fensterbänken in einer der am dichtesten bewohnten Städte der Metropolregion Paris mein Gemüse selbst an. Saatgut ist meine große Leidenschaft und ich genieße es, wenn ich säe und die Gemüsepflanzen aufgehen und heranwachsen sehe. Sie werden mich ernähren – meinen Körper und meinen Geist.

Solange ich mich erinnern kann, hege ich eine Faszination für Pflanzen. Als Kind sprang der Funke auf mich über, als ich im Ferienlager war. Dieser Aufenthalt hat, ohne dass ich mir dessen bewusst war, in mir den Keim gelegt. Er schlief einige Jahre, doch als ich meine erste eigene Wohnung bezog, ging er auf. Ich begann also mit dem Gärtnern in Balkonkästen auf dem Fensterbrett, kultivierte die üblichen Geranien und einige Kräuter, bevor ich im Jahr 2005 den ersten richtigen Balkon hatte.

Gleichzeitig haben Aufenthalte bei Freunden, die Gärten auf dem Land besaßen, mich in meiner wachsenden Leidenschaft bestärkt. Ich lernte das Gärtnern aus Büchern, die ich aus der Bibliothek entliehen hatte. Sie trugen dazu bei, den Wissensdurst zu löschen, aber das genügte nicht. Schließlich habe ich mir Videofilme auf YouTube angesehen.

2013 bekam ich eine 3 m² große Parzelle in einem Gemeinschaftsgarten und dort konnte ich das Gärtnern im Freiland ausprobieren. Im Laufe der Jahre und aufgrund meines Enthusiasmus und meiner Erfahrung führte meine Entdeckung der Permakultur und der Wunsch nach intensiver Verbindung mit meiner Nahrung dazu, dass ich mich

auf die Anlage eines Balkon-Gemüsegartens konzentrierte. Also baue ich nun eine Vielzahl von Pflanzen an, die in allen Jahreszeiten zu meiner Ernährung beitragen. Da der Balkon mit 4,08 m^2 ziemlich klein ist, sind die Anbautechniken der Permakultur für reiche Ernte auf kleinstem Raum eine Selbstverständlichkeit. Die geringe Größe war zwar zu Beginn ein limitierender Faktor, entwickelte sich aber zu einer echten Chance, der ich mit Findigkeit entgegentreten musste. Daraus wurden Spiel, Spaß und eine gewaltige Quelle des Lernens.

Während der Ausgangssperre in Frankreich im März 2020, um die Ausbreitung der Covid 19-Pandemie einzudämmen, lieferte mir mein kleiner Balkongarten einen Monat lang eine gewisse Autonomie in Sachen Grünzeug, denn auch die Lieferung der Gemüsekisten von AMAP (Association pour le Maintien d'une Agriculture Paysanne, ein französischer Verband zum Erhalt bäuerlichen Kleinanbaus) war ausgesetzt. Diese beziehe ich gewöhnlich. Auf meinem Balkon konnte ich Grünen Salat, Rucola, Mizuna, Grünkohl, Mangold, Blut-Ampfer, Endivien und mehr ernten. Alles war natürlich frisch, schmackhaft und hatte sicher noch seine Nährstoffe. Dem Balkon, der mir sonst auch noch als Sauerstoffquelle in der Stadt dient, kam besondere Bedeutung zu.

Einen Gemüsegarten auf dem Balkon kann jeder anlegen und er ist einfach zu pflegen, sofern man ein wenig Geduld, Beobachtungsgabe und Motivation mitbringt. Ich hoffe sehr, dass meine Erfahrungen dazu beitragen, Ihre Lust, Neugier und Ihren Enthusiasmus zu wecken, so dass auch Sie einen Gemüsegarten anlegen werden – egal wie groß.

Sie werden merken: Alles, was selbst angebaut ist, hat einen ganz besonderen Geschmack.

PLANEN UND LOSLEGEN

LAGE

Bevor man sich voller Tatendrang und Energie ans Werk macht, sollte man prüfen, welche Ausrichtung der Balkon besitzt. Das ist von größter Wichtigkeit, weil die Pflanzen zum optimalen Wachsen und Fruchten eine bestimmte Menge Licht benötigen.

● Süden

Die Ausrichtung nach Süden ist am besten, weil man hier anders als beim Nordbalkon alle Arten von Kulturen anlegen kann. Man muss bei der Auswahl der Gemüsearten oder Kräuter nur jene ausschließen, die lieber im Halbschatten stehen, zum Beispiel Blattgemüse (Grüner Salat, Mangold, Spinat, Rucola, Pflücksalate, Kohl) oder die asiatischen Gemüse (Pak-Choi, Baicai, Mizuna, Mibuna oder Komatsuna) sowie einige Kräuter, darunter Petersilie, Schnittlauch, Schnittknoblauch, Kerbel, Koriander, Minze und Melisse. Als allgemeine Grundregel sollte man bedenken, dass **Blattgemüse 3–4 Stunden Sonne benötigen, Wurzelgemüse 5–6 Stunden und Fruchtgemüse 6–8 Stunden**.

Sonnenuntergang auf meinem Gemüsebalkon mit Südwest-Lage.

● Osten und Westen

Die Richtungen Osten und Westen entsprechen einem Übergangsbereich mit mittlerer Sonneneinstrahlung. Unter diesen Bedingungen wächst ebenfalls eine Vielzahl an Pflanzen.

Hat man die Ausrichtung bestimmt, sollte man noch sichergehen, dass auf dem Balkon keine besonders widrigen Witterungsbedingungen wie Schlagregen oder starker Wind herrschen. Wind kann zusätzlich zur starken Austrocknung auch noch anderen Stress auslösen, der die Entwicklung beeinflusst. Pflanzen gedeihen entweder nicht so gut oder sie bilden als Überlebensstrategie schnellstens Samen aus.

GRÖSSE

Man sollte sich gründlich überlegen, welche Fläche man dem Gemüsegarten auf dem Balkon zugesteht. Dazu könnte eine Skizze hilfreich sein, auf der man den Zugang, die Wege und die Stellen für die Pflanzgefäße einzeichnet. Bedenken Sie unbedingt auch, wie sich die Kulturen entwickeln und dass Sie ungestört zur Pflege, zum Gießen und zum Ernten umhergehen möchten. Informieren Sie sich gut und machen Sie sich ein Bild davon, wie groß Ihre Wunschpflanzen im ausgewachsenen Zustand sein werden. Egal um welche Pflanzen es sich handelt, empfehle ich Ihnen einen Grundgedanken der Permakultur: „Klein anfangen“. Beginnen Sie mit wenigen Töpfen oder Pflanzkübeln und steigern Sie die Menge mit der Zeit, so können Sie sich daran üben.

Blick vom Nachbarbalkon auf meinen Gemüsegarten Anfang Oktober.

Mein Beet mit Rucola, Wintersalat 'Rougette de Montpellier' und Feldsalat 'Elan' Mitte Januar.

PFLANZGEFÄSSE

Bei den im konventionellen Handel, bei Recycling-Unternehmen oder dem Trödel angebotenen Gefäßen können wir in erster Linie aus vier Materialtypen auswählen.

Geotextilien

Mehr und mehr Behältnisse aus Geotextilgewebe, die teils auch aus recycelten Materialien hergestellt werden, sind im Handel verfügbar. Im Allgemeinen sind sie nicht verrottend, witterungs- und UV-beständig und haben den Vorteil, dass man sie gut verstauen kann, wenn sie wieder geleert sind.

Terrakotta

Dieses Material hat den Vorteil, dass es natürlich und porös ist. Es lässt Luft und Wasser durch, sofern die daraus gefertigten Gefäße unglasiert sind. Sie trocknen rasch aus und lassen sich leicht wieder durchfeuchten. Außerdem findet man hübsch geformte Gefäße, was in ästhetischer Hinsicht erfreulich ist. Dank ihres Eigengewichts sorgen die Gefäße für eine gewisse Standfestigkeit, doch sie sind stoß- und frostempfindlich und damit zerbrechlich. Behalten Sie im Hinblick auf die Sicherheit das Gewicht der Gefäße zusammen mit der Erde und der Feuchte im Auge (siehe Seite 21)!

Holz

Holz ist ebenfalls ein Naturstoff und sieht gut aus. Verwenden Sie am besten Behälter aus unbehandelten Hölzern, die von Natur aus nicht rotten (z. B. Robinie, Kastanie oder Eiche). Pflanzkübel aus Holz kann man auch selbst herstellen. Die Bretter dafür sollten die Kennung HT (*heat treat-*

ment = thermisch behandelt) tragen, sodass Keime abgetötet wurden.

● Kunststoff

Leicht, einfach zu handhaben, kostengünstig und ziemlich robust ist dieses Material, allerdings hat es den Nachteil, dass zu seiner Herstellung fossile Rohstoffe eingesetzt werden müssen und ein kaum zersetzbares Produkt herauskommt.

● Alternativen

Man kann auch Gegenstände als Kübel verwenden, die ursprünglich für etwas anderes gedacht waren: Obstkisten, Weinkisten, Beutel mit Pflanzenerde, Fünf-Liter-Wasserflaschen aus Plastik usw. Es reicht, wenn Sie einige Löcher in den Boden des Behältnisses bohren, damit überschüssiges Wasser ablaufen kann. Holzkisten oder Plastikkisten sollten mit einer Geotextilfolie oder einer Jutebahn (nötigenfalls doppellagig) ausgekleidet werden. Alles ist möglich! „Die einzigen Grenzen sind die der Vorstellungskraft“ – so heißt es in der Permakultur.

● Größe und Anordnung

Die Größe der Pflanzbehälter hängt davon ab, was man darin anbaut und welche Bedürfnisse die Pflanzen für ihr Wurzelwachstum haben.

Gemüseanbau auf dem Fensterbrett draußen und drinnen.

Ich habe beispielsweise Pflanztöpfe von 15 bis 50 cm Höhe. In den 15 cm hohen Töpfen pflanze ich Radieschen/Rettiche, Grünen Salat, Rucola und Feldsalat. In den 30 cm- bis 50 cm-Töpfen wachsen meine Tomaten, Auberginen, Gurken, Stangenbohnen und Riesensonnenblumen.

Bedenken Sie, dass rechteckige Gefäße näher zusammengestellt werden können und man so Platz gewinnt. Je größer die Gefäße sind, desto besser halten sie die Feuchtigkeit. Allerdings kann man sie nicht so leicht neu platzieren wie die kleinen.

Bei mir gibt es gleichzeitig rechteckige Kübel und Balkonkästen aus Kunststoff sowie runde Töpfe aus Terrakotta, die ich teils von Freunden im Umland übernommen und auch teils beim Trödel gekauft habe. Damit schenke ich den Behältern ein zweites Leben und spare zudem bei den Anschaffungskosten meines Balkongartens etliches ein.

Natürlich sehen nicht alle Behälter gleich aus und manche haben auch kleine Schäden vom Gebrauch, aber das trägt ebenfalls zum Charme meines Gemüsegartens bei.

Sicherheit

Sicherheit ist beim Anbau auf dem Balkon besonders wichtig, vor allem, wenn man in höheren Etagen gärtnert. Im Allgemeinen sind die Balkone moderner Wohnbauten gemäß europäischer Normen auf eine Last von 350 kg/m² ausgelegt, sofern keine Baumängel vorliegen. Erkundigen Sie sich bei der Hausverwaltung, welches Gewicht Ihr Balkon trägt. Ein Kübel mit Erde, vor allem nasser Erde, ist ziemlich schwer. Nehmen Sie daher leichte Kübel und verwenden Sie eine leichte, luftige Erde. Balkonkästen sollten innen an den Balkongeländern angebracht werden oder an gut befestigten Gestellen fixiert sein. Nicht zuletzt muss man darauf achten, dass der Balkon dicht ist und möglichst eine Abflussmöglichkeit für Wasser besitzt, durch die die Nachbarn in den Etagen darunter nicht gestört werden.

COLE'S
GARDEN,
FARM AND
FLOWER
Seeds.
1
2
3
4
5
6
7
8
9
10
11
12

WERKZEUGE

Der Gemüsegarten auf dem Balkon erfordert einige Gartengeräte:

1. Handschuhe
2. Gartenschere
3. Schere
4. Pflanzschaufel
5. Hand-Gartenkralle
6. Pflanzschildchen
7. Bleistift und Radiergummi für die Samenetiketten
8. Notizheft für den Fruchtwechsel
9. Anzuchttöpfchen oder flache Anzuchtschalen
10. Pflanzholz
11. Aussaathilfe
12. Schnur zum Anbinden der Pflanzen und für Rankhilfen (z. B. für ein Tipi)

Stützen
Spritzflasche
Gießkanne
Mini-Gewächshaus
Sieb
Korb
Folien oder Vlies zum Vortreiben oder Überwintern

Die Gerätschaften lassen sich durch folgende Alltagsgegenstände ersetzen

WERKZEUG	VERWENDETER ERSATZGEGENSTAND
Pflanzschaufel	großer Suppenlöffel
Hand-Gartenkralle	Gabel
Pflanzschildchen	Zuschnitte aus Holzkisten oder Plastikflaschen
Spritzflasche bzw. Gießkanne	Plastikflasche mit gelochtem Deckel
Anzuchttöpfchen	Jogurt-, Creme-fraîche-Becher, Papprolle von Toilettenpapier (auf einer Seite einschneiden und einen „Boden“ formen)
Aussaathilfe	Ein Blatt festes Papier oder Karton von 10-12 cm × 6-8 cm, in der Mitte einmal gefaltet
Mini-Gewächshaus	Plastikflasche mit 1,5 oder 5 Liter Volumen
Sieb	Durchschlag, Seiher
Korb	Salatschüssel, großer Teller, Schale

PFLANZENERDE

Es gibt Pflanzenerde unterschiedlicher Qualitäten, deren Preise je nach Zweck durchaus stark variieren können.

Ich verwende gewöhnliche Pflanzen- oder Blumenerde mit einem entsprechenden Label für den biologischen oder ökologischen Landbau. Diese für alle Zwecke tauglichen Substrate lassen sich für die Anzucht, beim Pikieren und zuletzt auch beim Auspflanzen in den Kübeln verwenden.

Sieben der Pflanzenerde und Entfernen der groben Bestandteile.

Für meine Anzucht, vor allem bei sehr feinen Samen wie von Grünem Salat, Sellerie oder Petersilie, **siebe ich die Erde** durch, um ein möglichst feines Substrat wie das der handelsüblichen Anzuchterde ohne Fasern und grobe Stücke zu gewinnen, denn diese können beim Auflaufen der Pflänzchen von Nachteil sein. Diese **Erde mische ich mit gesiebtem Kompost**, entweder aus meinem eigenen Wurmkomposter oder ich nehme den von Freunden hergestellten Wurmkompost, wenn sie dafür keine Verwendung haben. Bei uns gibt es zudem ein lokales System zum gegenseitigen Tausch (SEL, Système d'Echange Local). **Ich verwende auch die Erde meiner Kulturen wieder**, wenn sie krankheitsfrei geblieben sind. Dazu zerbrösele ich die möglichst trockene Erde und entferne die Wurzeln, bevor ich sie siebe.

PFLANZGEFÄSSE VORBEREITEN

Meine Pflanzgefäße müssen sauber sein und Löcher für den Wasserablauf haben, damit keine Staunässe entsteht.

Am Grund der Töpfe fülle ich je nach Gefäßgröße eine Schicht Tongranulat von 3–10 cm Höhe ein. Dann folgt eine Lage Geotextil, was man auch weglassen kann. Danach befülle ich den Topf bis 3 cm unter den oberen Rand mit Pflanzenerde. Wenn kein Tongranulat da ist, verwende ich zerbrochene Tontöpfe, Terrakotta-Ziegel aus dem Sperrmüll oder kaputtes Steingutgeschirr, das ich in kleine Stücke breche.

An den Sperrmülltagen findet man (z. B. als Pflanzgefäße) wahre Schätze auf den Gehsteigen, oder man sieht in der Rubrik „Zu verschenken" in den Kleinanzeigen oder auf Internetseiten nach.

Manchmal nutze ich meine zerbrochenen Tontöpfe als Ersatz für Tongranulat.

Denken Sie nachhaltig

Zögern Sie nicht, Ihrem „Hang zur Wiederverwertung" nachzugehen, weil selbst kaputte Gegenstände noch einen Nutzen haben können. In der Zeit vor der Covid 19-Pandemie habe ich beispielweise an meiner Arbeitsstelle Pappbecher aus dem Papierkorb gefischt, die ein einziges Mal zum Wassertrinken verwendet worden waren. Solche Becher verwende ich zum Pikieren meiner kleinen Tomatenpflanzen.

SÄEN ODER PFLANZEN KAUFEN?

Je nach der Zeit, die Sie erübrigen können, und der Saison, in der Sie mit dem Balkongemüse starten, können Sie die Pflanzen aus Samen ziehen oder kaufen. Mit dem Kauf von Jungpflanzen können Sie schneller loslegen, besonders wenn Sie wenig Zeit für Anzucht aus Samen haben. Auf jeden Fall muss man daran denken, dass der Kauf im Vergleich zur eigenen Anzucht eine kleinere Auswahl bei Sorten und Vielfalt bedeutet, es sei denn man hat Öko-Pflanzenzüchter mit einem großen Sortiment an der Hand. Und sie sind teuer. Vielleicht können Sie sich auch kostenlose Pflanzen bei Pflanzenbörsen der Hobbygärtner im Frühling beschaffen.

Im Allgemeinen ist im Frühling das Angebot an Gemüsepflanzen in den Gärtnereien, Bio-Läden, bei Floristen, auf Pflanzenmessen und auf Wochenmärkten sowie bei den Bio-Pflanzenzüchtern sehr üppig. Zum Ende des Sommers hin wird kaum noch etwas oder sogar nichts mehr angeboten. Wenn Sie einen herbst-winterlichen Gemüsegarten kultivieren möchten, dann bleibt zu diesem Zeitpunkt nur die Aussaat.

Ich persönlich liebe die Vielfalt, und das Wunder der Keimung von Samen fasziniert mich seit jeher, daher ziehe ich meine Pflanzen selbst. Entweder säe ich direkt an Ort und Stelle oder ich säe in Töpfchen und pikiere später an den zugedachten Standort.

Ein Keimling der Buschbohnen-Sorte 'Rocbrun'.

Japanischer Senfkohl 'Mizuna Purple', gezogen in einem Pflanztablett.

Anzucht aus Samen

Ich liebe es, meine Pflanzen selbst zu ziehen, damit ich eine große Vielfalt genießen kann, die sich so nur selten oder gar nicht in den Regalen des Pflanzenhandels findet, zum Beispiel eine große Zahl von Tomatensorten – ich bin eine große Tomatenliebhaberin! Auf diese Weise leiste ich Widerstand gegen unsere Einheits-Nahrungsmittel.

Außerdem ist die Anzucht kostensparend, denn ein Päckchen Samen ist günstiger als die Jungpflanzen im Handel. Die Saatgutmenge in einem Beutel reicht mir für mehrere Aussaaten, ich kann sie für Folgejahre aufbewahren und sogar anderen Gärtnern schenken oder mit ihnen tauschen.

Außerdem gibt es einige Gemüse, die man nicht als Jungpflanzen kaufen kann, zum Beispiel Möhren, Erbsen, Bohnen. Die Samen werden in Anzuchttöpfe oder direkt in die Erde gelegt. Die eigene Anzucht von Pflanzen braucht aber etwas Planung, weil man die Entwicklung der Jungpflanzen sowie ihre Ansprüche berücksichtigen muss und natürlich zum richtigen Zeitpunkt säen sollte.

Beispielsweise säe ich ab Februar drinnen bereits Paprika und Auberginen, weil sie lange brauchen, um sich zu entwickeln. Die Tomaten säe ich gestaffelt ab Februar bis April. Dadurch stehen mir genau dann ausreichend entwickelte Pflanzen bereit, wenn ich sie an den endgültigen Standort auspflanzen möchte, also gewöhnlich im Mai nach den Eisheiligen, in ausreichend erwärmten Boden.

Die Sämlinge aus dem Februar nehme ich auch zu den ersten Tauschbörsen der Amateurgärtner im Frühling mit.

Jungpflanzen von Gemüsepaprika.

Knollen und Zwiebeln

Für einige Kulturen kaufe ich die Knollen und Zwiebeln direkt im Bio-Lebensmittelmarkt. Dabei handelt es sich meistens um Kartoffeln, die dort ohne die Behandlung von Keimhemmern angeboten werden und die ich keimen lasse, außerdem Süßkartoffeln, deren Keime ich aufbereite, Knoblauch, dessen äußere Zehen ich zum Pflanzen verwende, zudem Schalotten und sogar Speisezwiebeln, die ich einpflanze, damit sie essbares Grün hervorbringen. Selbstverständlich kann man auch Legekartoffeln und Steckzwiebeln sowie Schalotten und Knoblauch zum Säen bei spezialisierten Samenhändlern käuflich erwerben.

Gekeimte Kartoffeln der Sorte 'Bleue d'Artois'.

Äußere Zehen vom Knoblauch zum Einpflanzen.

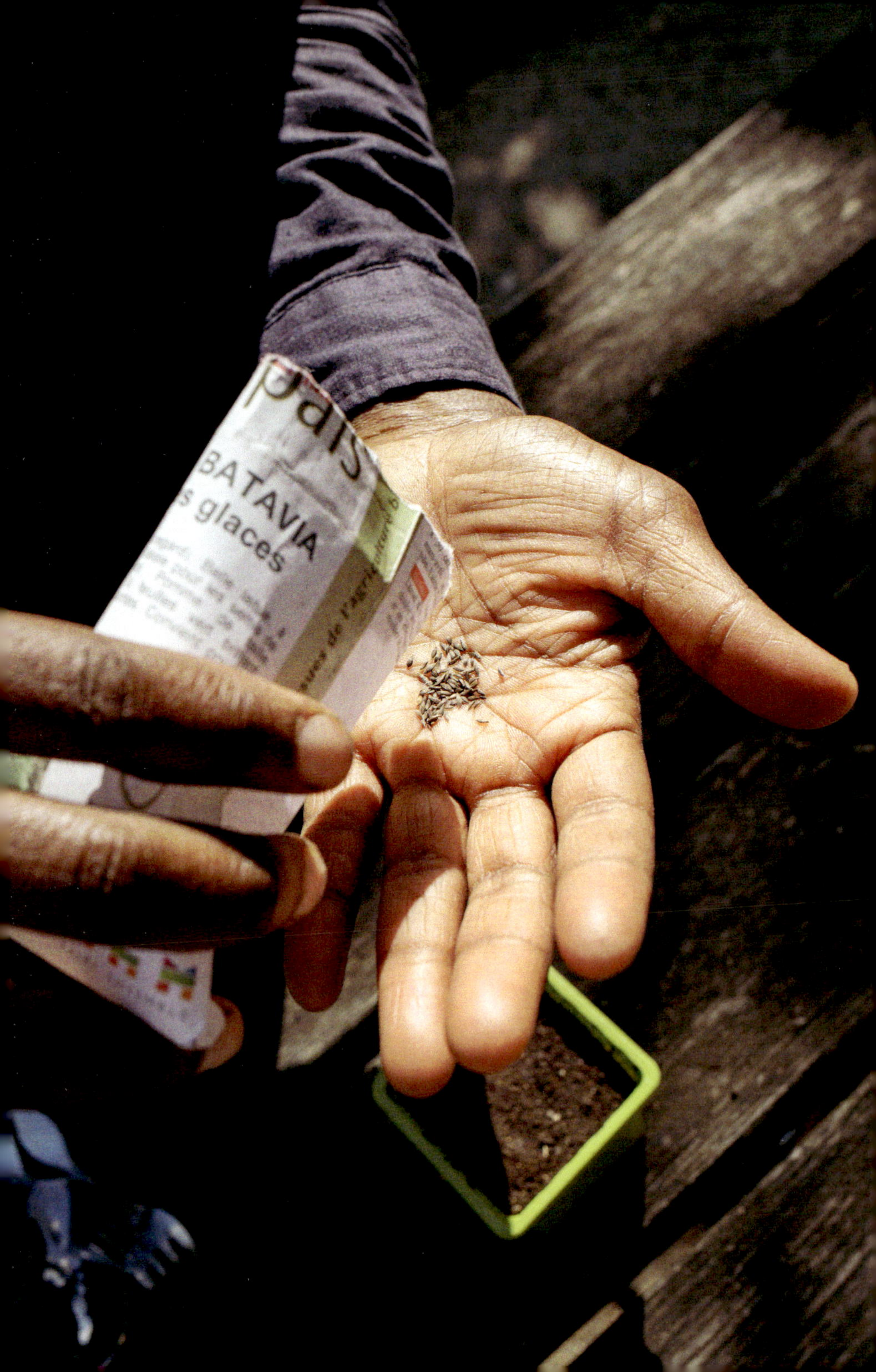
BATAVIA
s glaces

GUTE UND SCHLECHTE SAMEN

Bei Sämereien werden zwei Typen gehandelt: die F1-Hybriden und sortenfestes Saatgut, das in Frankreich bezeichnenderweise bäuerliches Saatgut genannt wird.

- **F1-Hybriden** zieht man als erste Generation nach der Kreuzung von zwei Sorten (z. B. die Tomatensorten 'Coeur de Boeuf' und 'Noire de Crimée') einer Art. Diese Eltern wurden durch Selbstbefruchtung über mehrere Generationen hinweg vermehrt, um eine reine Vererbungslinie zu erhalten. Diese reinen Linien wurden aufgrund unterschiedlicher Merkmale und präziser Eigenschaften selektiert, um eine neue F1-Sorte mit Standardmerkmalen daraus zu kreuzen. Alle aus den F1-Samen gezogenen Pflanzenindividuen und Früchte sind in physischer Hinsicht wie Größe oder Farbe gleich; sie haben spezielle Eigenschaften wie Festigkeit bei Handhabung und Transport. Da die F1-Generation nicht sortenfest oder auf genetischer Ebene stabil ist, lässt sie sich nicht in identischer Form vermehren. Tatsächlich wachsen aus den Samen, die man von einer F1-Pflanze gewinnt, keine Pflanzen, die hinsichtlich bestimmter Zuchtmerkmale identisch mit ihrer Mutterpflanze wären. Diese Eigenschaften treten nur zufällig auf oder gar nicht. Es ist also völlig sinnlos, eigenes Saatgut aus einer Pflanze der F1-Generation zu gewinnen.

- **Sortenfestes Saatgut** dagegen entsteht im Einklang mit den natürlichen Prozessen. Die Pflanzen daraus sind über Jahre hinweg mit gleichen Eigenschaften reproduzierbar, egal, ob es sich um sogenannte alte Sorten oder beispielsweise die 1985 in den USA ausgelesene Tomatensorte 'Green Zebra' von Tom Wagner handelt.
Das genetisch breit aufgestellte Erbe von sortenfesten Samen sorgt dafür, dass die Pflanzen eine Anpassungsfähigkeit für wechselnde Boden- und Witterungsbedingungen sowie unsere Gartenpraxis besitzen. Es lohnt sich aber bei all deren Fähigkeiten auch, Samen von Sorten zu gewinnen, die man gerne isst, und sie dadurch weiter anzupassen und beim Saatgut unabhängig von den Anbietern zu werden.

Unter bäuerlichem Saatgut versteht man Sämereien, die regional entstanden sind und von Bauern erhalten werden. Das Saatgut ist rechtsunabhängig und tauschbar.

● Erhaltung von Sorten

Als Botschafterin der Bürgerbewegung „Graines de Vie“ zum Erhalt der bedrohten Gemüse- und Obstsorten in der Region Île de France baue ich meine Pflanzen ausschließlich mit bäuerlichem Saatgut an, um diese Sorten zu erhalten und sie weiter zu vermehren. Einem Bericht der UN-Ernährungsorganisation FAO aus dem Jahr 2010 zufolge **sind innerhalb von 100 Jahren vereinheitlichter agrartechnischer Landwirtschaft 75 % der Obst-, Gemüse- und Getreidesorten verschwunden**. Neben dem Erhalt der Arten unterstütze ich auch die Arbeit der kleinen Saatgut-Vermehrer, Kollektive und Verbände, die in bemerkenswerter Weise für den Erhalt alter Sorten schuften.

Durch die Gewinnung meiner eigenen Sämereien spare ich Geld, sofern die Natur mir günstig gestimmt ist. Und danach kann ich anderen Amateurgärtnern Sämereien schenken oder mit ihnen tauschen.

Wo bezieht man Saatgut?

Ganz leicht findet man Samen und Pflanzen im Fachhandel, zum Beispiel bei Gärtnereien und Heimwerkermärkten, doch dabei handelt es sich in erster Linie um F1-Ware. Bäuerliches und sortenfestes Saatgut bekommt man bei kleinen Saatgut-Vermehrern, Kollektiven und Verbänden, die sich dem Erhalt der Artenvielfalt verschrieben haben, über deren Internet-Seiten oder Kataloge. Bekanntere Saatgut-Lieferanten sind zum Beispiel Arche Noah, Bingenheimer Saatgut, Dreschflegel (weitere Adressen siehe Seite 152). Man bekommt sie in geringem Umfang aber auch bei Gartenbau-Veranstaltungen und -Messen.

● Bio-Saatgut

Ein Etikett der biologischen Landwirtschaft auf einem Samentütchen bedeutet lediglich, dass die Samen gemäß Pflichtenheft der biologischen Landwirtschaft erzeugt wurden. Man findet es sowohl auf den Samen von F1-Sorten wie auf sortenfesten, bäuerlichen Sämereien. Wählen Sie das Saatgut sorgfältig aus: Gutes Saatgut sorgt für guten Anbau!

Samen der Skabiose ‘Daylight White’.

SÄEN

Säen bedeutet ganz einfach, den Samen in die Erde zu legen, egal ob in einem Töpfchen oder direkt im endgültigen Kulturbehältnis.

Es gibt drei verschiedene Techniken:

- **Reihensaat.** Ich ziehe eine Rille, in die ich ein Samenkorn nach dem anderen in einer Linie hineinlege. Das geschieht von Hand oder mittels einer Aussaathilfe. Diese Methode ist für kleine Samenkörner ideal.
- **Horstsaat.** Man hebt ein kleines Loch aus und legt mehrere Samenkörner hinein.
- **Breitwürfig.** Die Samen werden zufällig verteilt in einem Topf oder auf einer Anbaufläche verstreut.

Dicke Samenkörner wie Bohnen eignen sich besser für Reihensaat oder Horstsaat. Kürbis säe ich einzeln in ein Töpfchen, weil die Pflanze sich direkt nach dem Keimen schnell entwickelt und den ganzen Platz braucht.

Reihensaat mit hellem Mangold.

Horstsaat mit der Bohnensorte 'Coco de la Meuse'.

Breitwürfige Saat von Schnittsalat.

Wann?

Jede Gemüseart muss zu einem bestimmten Zeitpunkt gesät werden und benötigt eine spezielle Temperaturspanne zum Keinen. Die Informationen darüber stehen gewöhnlich auf der Rückseite des Samenpäckchens. Ich stütze mich auf jeden Fall zusätzlich auf die im Internet verfügbaren Saatkalender, bevor ich meine eigene Aussaat plane. Ich stimme sie genau auf meine Sorten ab, um für meinen geografischen Standort passende Daten zu bekommen. Die verfügbaren Kalender geben Durchschnittswerte vor, doch je nach den in der Region herrschenden Witterungsverhältnissen muss man die Aussaat etwas früher oder später in der Saison durchführen. Das variiert von Jahr zu Jahr. Zusätzlich zu den Saatkalendern schaue ich mir meine Umwelt genau an und verlasse mich auf einige Beobachtungen von Naturphänomenen. In meiner Wohnanlage zeigt mir die Frühjahrsblüte der Forsythien beispielweise an, dass ich Blattgemüse und Erbsen säen kann, die Fliederblüte bei den Einfamilienhäusern der Nachbarschaft weist mich darauf hin, dass die Zeit zum Legen der Kartoffeln gekommen ist und die Rosenblüte meldet den Moment zum Auspflanzen von Tomaten, Gemüsepaprika, Gewürzpaprika, Auberginen, Kürbissen und Gurken.

Keimtemperatur einiger Gemüsearten, die ich anbaue

ETWA 7–8 °C	AB 10 °C	AB 15 °C	ÜBER 20 °C
Dicke Bohnen	Kohl	Basilikum	Aubergine
Grüner Salat	Kohlrabi	Einmachgurken	
Möhren	Lauch	Gemüsepaprika	
Radischen/Rettich	Mangold	Gewürzpaprika	
Spinat	Petersilie	Gurke	
	Speiserüben	Koriander	
	Zwiebeln	Kürbis	
		Melde	
		Schnittlauch	
		Sellerie	
		Tomaten	
		Zichoriensalate	
		Zucchini	

Sämlinge von Zitronen-Basilikum 'Mrs Burns'.

Natürlich gibt es weitere Beobachtungen. Ich richte mich nach jenen, die für mich als Indikatoren leicht zu erkennen sind. Ich möchte jeden anspornen, sich mit den Phänomenen im direkten, eigenen Umfeld vertraut zu machen.

Ich beobachte auch, was von selbst aufläuft. So habe ich im Frühling 2020 meine Rote Melde gesät, nachdem ich in den ersten Märztagen in einem Gemeinschaftsgarten in der Nähe meines Hauses gesehen hatte, dass sie dort von selbst gekeimt war. Mitte Juli sah ich Feldsalat aufkeimen, ein Zeichen, dass ich mit meiner Aussaat nun beginnen konnte.

Und abschließend verfolge ich aufmerksam die klimatischen Verhältnisse in unserer Stadt, um einige Aussaaten oder das Pikieren zu verfrühen beziehungsweise hinauszuzögern. Der Winter 2019/2020 war ausgesprochen mild und der Frühling war ziemlich warm und in der Region Île-de-France sehr früh. Also pflanzte ich erstmals in meiner Zeit als Gemüsegärtnerin nacheinander am 1. April und am 15. April einige Kirschtomaten-Pflänzchen der Sorte 'Red Robin' auf meinem Balkon aus. Gewöhnlich passiert das erst im Mai. Ich blieb aber vorsichtig und ließ die meisten meiner Tomatensorten drinnen im Haus, um sie erst Mitte Mai nach den drei strengen Eisheiligen vom 11., 12. und 13. Mai auszupflanzen. Es heißt ja nicht umsonst „Hüte dich vor den Eisheiligen“. Sie bringen den letzten Frost und können im Garten große Schäden anrichten, wenn man zu früh ins Freiland gepflanzt hat.

Saatgut einweichen

Die meisten Pflanzensamen danken es, wenn man sie 12–24 Stunden lang vor dem Aussäen einweicht. 24 Stunden sollte man aber nicht überschreiten, weil die Samen in der Erde sonst verfaulen könnten. Da ich diese negative Erfahrung bereits gemacht habe, weiche ich die Samen 12 Stunden ein.

Durch das Einweichen wird die Keimung in Gang gesetzt. In der Praxis ist es einfacher die großen Pflanzensamen nach dem Quellen zu säen als die kleinen. Die kleinen Samenkörner wie zum Beispiel Petersilie klumpen zusammen. Man muss sie auf Küchenkrepp leicht trocknen lassen, damit man sie leicht trennen kann. Ich halte es so, dass ich große Samen wie Grüne und Dicke Bohnen, Erbsen und manchmal auch Gurken, Zucchini oder Kürbis in Wasser einweiche. Auf diese Weise kann man sie auch gut auf Keimfähigkeit sortieren. Die befruchteten Samen sinken zu Boden, die unfruchtbaren schwimmen oben. Man muss sie danach nur entfernen und verwendet bei der Saat nur die guten Samen.

Einweichen der Bohnenkerne vor der Aussaat.

❶ 'Coco de la Meuse', ❷ 'Borlotto', ❸ 'Goldfield', ❹ 'Red Noodle', ❺ 'Beurre de l'Oncle Christian', ❻ Spargelbohne, ❼ 'Blauhilde', ❽ 'La Vigneronne'.

Wie tief?

Diese Frage habe ich mir zu Beginn meiner gärtnerischen Tätigkeiten oft gestellt. Man sät normalerweise einen Samen dreimal so tief ein wie er im Durchmesser misst. Die kleinen Samen wie die der Möhren legt man einfach auf die Erde und bedeckt sie leicht mit fein gesiebter Erde, die man andrückt. So kommt der Samen beim vorsichtigen Wässern unmittelbar in Kontakt mit der feuchten Erde.

Saattiefe einiger meiner Gemüse

0,5–1 CM	2 CM	3 CM
Aubergine	Feldsalat	Bohnen
Dill	Gurke	Dicke Bohnen
Einmachgurke	Kohl	Erbsen
Gewürzpaprika	Kohlrabi	Knoblauch (Zehe)
Grüner Salat	Koriander	Mais
Kerbel	Mangold	Schalotten (Zwiebel)
Lauch	Melde	Zucchini
Möhre	Radieschen/Rettich	Zwiebeln (Steckzwiebel)
Petersilie	Speiserübe	
Physalis	Spinat	
Rucola		
Schnittknoblauch		
Schnittlauch		
Tomate		
Zichoriensalate		

Wie sät man?

Ich bereite meine Aussaatschalen vor, indem ich sie ausbürste, mit Weinessig reinige, mit Wasser abspüle und abtrockne. Nicht gereinigte Saatschalen können Krankheitserreger tragen.

*** Erde und Behälter vorbereiten**
Ich fülle die Töpfe oder Schalen bis etwa 1 cm unterhalb des Randes mit gesiebter Erde, diese drücke ich leicht mit der flachen Hand oder der Rückseite eines großen Löffels fest.

*** Beschriften**
Ich bereite für jeden Anzuchtbehälter ein Schildchen mit dem Namen der Art bzw. Sorte und dem Aussaatdatum vor, den ich dann mit in die Erde stecke – und zwar unmittelbar während der Arbeit (nicht im Nachhinein), damit mir kein Fehler bei der Identifikation meiner Freunde unterläuft. Die Beschriftung mit Bleistift anstatt Kuli oder Filzschreiber hält über einen relativ langen Zeitraum, verwischt nicht und lässt sich zur Wiederverwertung der Schilder ausradieren.

*** Samen in die Furchen legen**
Für die Reihensaat beginne ich je nach Behältergröße damit, lockere Rillen im Abstand von 3–4 cm in meinen Aussaatbehälter (Pflanztopf, Kasten, Schüssel oder Anzuchtschale) zu ziehen.

Danach streue ich die Samen in die Rillen, entweder mit den Fingern oder mit einer Aussaathilfe. Ich achte darauf, dass die Samen Abstand haben, damit die Pflänzchen sich gut entwickeln können und das Pikieren nicht so stressig wird. Im Französischen gibt es ein Sprichwort, das sich so übersetzen lässt „Wer dicht sät, erntet spärlich und wer spärlich sät, erntet reichlich."

* **Gießen**

Ich bedecke die Samen mit gesiebter Pflanzenerde – die Menge richtet sich nach der Größe der Samen – und gieße danach vorsichtig, entweder mit einer Sprühflasche oder einer feinen Brause aus einer Plastikflasche, die ich mir als Gießkanne maßgeschneidert habe. Das vorsichtige Wässern vermeidet das Umherrinnen des Wassers und die Samen werden nicht weggeschwemmt.
Eine weitere Möglichkeit des Gießens besteht darin, die kleinen Saatbecher oder Anzuchttrays in einen größeren Behälter zu stellen und das Wasser in diesen Behälter zu gießen. Diese Methode praktiziere ich schon längere Zeit. Die Bewässerung erfolgt über den Kapillareffekt. Es dauert etwas, aber das Substrat saugt das notwendige Wasser gut auf. Ein zweiter Vorteil dieser Methode ist, dass das Wasser die gleiche Temperatur wie die Pflanzenerde annimmt. Sobald das Wasser absorbiert ist, wird die Erdoberfläche dunkler. Überschüssiges Wasser entsorge ich in meinen Balkonbeeten oder bei meinen Zimmerpflanzen.

Bei breitwürfiger Saat sind die Schritte identisch, nur dass man die Samen auf Abstand locker ausstreut.

Für die größten Samen wie Kürbis oder Leguminosen drücke ich mit dem Finger oder einem Bleistift ein Loch in die Erde. Dann lege ich die Samen hinein, verschließe das Pflanzloch und drücke die Erde an. Dann gieße ich vorsichtig.

Bei den Erbsen und Stangenbohnen lege ich als *Horstsaat* fünf Samen pro Pflanzloch aus.

Saatgut gewinnen

Die Ernte von Saatgut gehört zu meinen Lieblingsbeschäftigungen. Auf Seite 88 erkläre ich, wie man das macht.

Horstsaat: die Stangenbohnen 'Blauhilde' und 'Goldfield'.

Aussaat von Tomaten und Gemüsepaprika drinnen in meinem Mini-Gewächshaus.

Aussaat im Warmen

Die Saaten mancher Kulturen haben eine lange Entwicklungszeit und ihre Samen brauchen Wärme zum Keimen. Man muss sie frühzeitig drinnen vortreiben, damit sie zum Auspflanzen möglichst weit entwickelt sind, sobald die Witterungsverhältnisse für ihren Anbau geeignet sind. Dies gilt für die wärmeliebenden Gemüse wie Tomate, Aubergine, Gemüsepaprika, Chili und Physalis. Die Pflanzen schaffen es nicht bis zur Reife, wenn man sie nicht im Februar/März im Warmen aussät. Die Sämlinge im Haus haben so einen Vorsprung.

Keimung

Zum Keimen brauchen Samen eine optimale Feuchtigkeit, ausreichend Wärme und Sauerstoff.

Bei der Keimung platzt die äußere Hülle des Samens, um zuerst eine kleine Wurzel freizugeben und dann einen Spross mit zwei undefinierten Blättern, die man als Keimblätter bezeichnet. Danach erst entwickeln sich die „echten“ Blätter, welche die charakteristischen Merkmale der Art aufweisen.

Die Mehrzahl der Samen sind zum Keimen nicht auf Licht angewiesen, sie keimen im Dunklen. Manche Arten aber brauchen Licht, man nennt sie daher Lichtkeimer. Das gilt beispielsweise für Rucola, was ich entdeckte, als ich in Nachahmung der Natur die Samen in einem Garten einfach breitwürfig ausbrachte, ohne sie mit Erde zu bedecken. Normalerweise läuft der vegetative Lebenszyklus von Pflanzen ja so ab, dass sie in der letzten Phase ihre Samen ausbilden, diese verteilen und dabei fallen die Samen zu Boden ohne aktiv in der Erde vergraben zu werden. Beim ersten Regen und bei den zum Keimen günstigen Bedingungen, gehen die Samen auf.
Je nach Art der gesäten Gemüsepflanzen und vor allem je nach Zeitpunkt der Aussaat, stelle ich die Aussaatbehälter drinnen oder draußen auf. Manche brauchen Wärme (also drinnen), zum Beispiel Tomate und Paprika. Andere Pflanzen wie Melde oder Grüner Salat keimen bei niedrigeren Temperaturen draußen.

Keimling der Zucchinisorte 'Gold Rush'.

Sobald die Sämlinge auflaufen, stelle ich die Behälter in die Nähe einer bevorzugt indirekten Lichtquelle, damit die Photosynthese anlaufen kann – zum Beispiel in einem kühleren Zimmer. Dadurch kann man vermeiden, dass die Pflänzchen ein extrem dünnes Längenwachstum entwickeln, das gewöhnlich durch schlechte Lichtverhältnisse und erhöhte Temperatur in Gang gesetzt wird. Wenn Sie aber wie ich die Jungpflanzen auf den Balkon stellen, vergessen Sie bitte nicht, ein Vogelschutznetz zur Abwehr der Vögel darüber zu decken. Ich habe mehrfach Tauben auf frischer Tat dabei ertappt, wie sie gerade Pflänzchen ausgraben.

Ihre Pflanzen sind lang und dünn?

Keine Panik! Versuchen Sie, die Pflanzen vorsichtig auszugraben, ohne den Spross abzubrechen und pflanzen Sie sie erneut ein, stecken Sie den Spross bis auf Höhe der Keimblätter in die Erde. Eine Erfolgsgarantie gibt es nicht, aber der Versuch lohnt sich.

PIKIEREN

Pikieren oder umpflanzen heißt, dass man eine Jungpflanze aus ihrem Behälter nimmt und in einen anderen Behälter oder an den endgültigen Anbaustandort umpflanzt. Sobald man viel aussät, ergibt sich die Notwendigkeit des Pikierens dann, wenn die Pflänzchen in der Anzuchtschale nicht mehr genug Platz oder Nährstoffe zum Wachsen haben. Ich pikiere meine im Warmen gezogenen Pflanzen von Tomaten, Paprika, Auberginen und Physalis und die auf dem Balkon früh in der Saison unter einer Abdeckung gezogenen Pflanzen wie Grüner Salat, Kohl und Lauch an ihren endgültigen Standort.

● Wann?

Ich pikiere die Pflanzen, sobald sie nach den Keimblättern die ersten beiden richtigen Blätter entwickelt haben.

● Wie geht das?

* **Schritt 1**

Einige Stunden vor dem Pikieren wässere ich die Pflanzen.

* **Schritt 2**

Aus (Anzucht-)Schalen

Mit Hilfe einer Gabel hebe ich eine Pflanze oder die Pflanzen so vorsichtig wie möglich heraus, wobei ich darauf achte, die Wurzeln nicht zu beschädigen.

Aus dem Topf

Ich drücke vorsichtig mehrfach auf den Topf, damit der Ballen sich löst. Man muss darauf achten, dass die Wurzeln mit Erde bedeckt bleiben.

Wurzelentwicklung der Horstsaat von Stangenbohnen 'Blauhilde'.

Pikieren einer Salatpflanze mit nackten Wurzeln.

* **Schritt 3**

In einen Topf

Ich pflanze in einen am Boden bereits mit Erde gefüllten Topf aus. Dann setze ich die Pflanzen in die Mitte und fülle rundherum Erde auf, die ich leicht andrücke.

In den Pflanzkübel

Ich mache ein kleines Loch in die Erde und setze die Pflanze mit ihrem Ballen dort ein. Dann verteile ich die Erde etwas um die Pflanze herum und drücke sie mit der flachen Hand zu beiden Seiten des Sprosses leicht fest.

* **Schritt 4**

Vorsichtig gießen.

* **Schritt 5**

Danach stelle ich die Behälter in den Schatten. Umpflanzen bedeutet für die Pflanzen immer Stress. Im Schatten herrschen optimale Bedingungen für ein gutes Anwachsen.

● Pikieren von wurzelnackten Pflanzen

Manche Gemüse wie Grüner Salat oder Lauch vertragen das Pikieren wurzelnackter Pflanzen (ohne Erde). Wenn ich Pflanzen umsetze, kann es vorkommen, dass ich einen Teil

Wurzelnackte Salatpflanzen.

der Wurzeln und Blätter (Lauch) abschneide oder sie zum besseren Anwachsen auf 4 cm über dem Vegetationspunkt (Salat) zurückschneide.

Umfallkrankheit bei Sämlingen

Die von vielen verschiedenen Pilzen verursachte Umfallkrankheit betrifft entweder die Samen, die nicht keimen, oder die Jungpflanzen, die sich braun färben, umfallen und dann absterben. Hierbei geht das größte Risiko von der Feuchtigkeit des Substrats aus, weil sich dann die möglicherweise in der Samenhülle oder dem Boden vorhandenen Pilze gut entwickeln können. Stark verdichteter Boden, Kälte und sogar zu dichte Aussaat können diese Welke ebenfalls begünstigen.

Zur Vorbeugung sollte man qualitativ hochwertiges Saatgut und ebensolche Erde kaufen, nur gut gesäuberte und mit Essig gereinigte Pflanzschalen verwenden und die Pflanzenerde sollte nicht zu kompakt und nass sein, vermeiden Sie zudem dichte Aussaat oder verziehen Sie die Pflanzen frühzeitig und halten Sie zur Aussaat die Zimmertemperatur konstant frisch.

Knoblauchbrühe (Dekokt)

Vorbeugend oder zur Behandlung von Pilzbefall bei Aussaaten kann man eine Knoblauchbrühe versprühen, da Knoblauch sowohl fungizide wie auch insektizide Eigenschaften besitzt. Dieses Dekokt muss direkt verwendet werden, weil es nicht haltbar ist. Das Mittel wirkt auch gegen Mehltau und Rost. Stellen Sie sicher, dass das Saatgut noch am Leben und keimfähig ist. Samen keimen nur eine bestimmte Zeitlang gut, was von der Pflanzenart abhängt. Die Länge der Keimfähigkeit verringert sich, wenn die Samen nicht unter geeigneten Bedingungen gelagert wurden (siehe dazu auch Seite 90).

Rezept für das Knoblauchdekokt

Für 5 Liter
Zutaten: 500 g geschälter Knoblauch und 5 Liter Wasser

* 1. Schritt: Knoblauch schälen und in grobe Stücke hacken, 10-12 Stunden in 5 Liter Wasser einweichen.
* 2. Schritt: Zum Kochen bringen und 15-20 Minuten kochen lassen.
* 3. Schritt: Abkühlen und etwa 10 Stunden stehen lassen, filtern.
* 4. Schritt: Unverdünnt zum Besprühen der Pflanzen in den Töpfen verwenden, vorbeugend oder zur Behandlung bei ersten Krankheitsfällen.

WEITERE MÖGLICHKEITEN, UM PFLANZEN ZU VERMEHREN

Stecklinge

Für diese Technik der Pflanzenvermehrung verwendet man ein Stück einer Mutterpflanze, um daraus eine neue Pflanze zu ziehen. Mir gelingt das sehr gut bei Basilikum, Minze, Thymian und zu meiner großen Überraschung auch bei Physalis, wovon ich einen festen, verholzten Zweig nehme, und bei Tomaten. Hierzu verwende ich einen der in den Blattachseln am Stamm wachsenden Seitentriebe. Ich stelle diese Triebe ins Wasser, das ich regelmäßig bis zum Austreiben von Wurzeln erneuere. Dann setze ich die Stecklinge in die Erde.

Ableger einer Erdbeerpflanze.

Ableger

Manche Arten entwickeln mit der Mutterpflanze verbundene Nachkommen, die zum Teil Wurzeln bilden, noch ehe sie Kontakt mit der Erde haben. Erdbeeren zum Beispiel entwickeln Stolone, an deren Ende neue Pflänzchen wachsen. Ich sammle diese ab und stelle die Ableger zum weiteren Bewurzeln ins Wasser oder ich pflanze sie in einen Topf und gieße sie. Man kann sie auch in Töpfe setzen, solange sie noch mit der Mutterpflanze verbunden sind, und später erst abtrennen.

Von selbst aufgegangene Pflanzen

Wenn ich Pflanzensamen zur Reife kommen lasse, um sie zu sammeln, kann es je nach Art auch passieren, dass sie abfallen, bevor ich sie ablese (z. B. bei Grünkohl oder Borretsch). Die Pflanzen säen sich von selbst aus und ich bekomme mühelos neue Pflanzen.

Zusammenfassend lässt sich feststellen, dass selbst gezogene Pflanzen echte Vorteile bieten:

- Wahl der Sorten
- Einsparung von Kosten im Verhältnis zum Pflanzenkauf
- Kontrolle über die Anzuchtbedingungen (Temperatur, Wässern)
- Verfügbarkeit von Jungpflanzen bei Bedarf – als Ersatz für schlecht wachsende bzw. abgefressene Pflanzen oder als Folgekultur
- Zeitersparnis, da die selbst gezogenen Pflanzen kräftig wachsen und 1–2 Monate verfrüht sein können
- Optimierung des Anbaus

Paprika-Pflänzchen.

Pflücksalat 'Mouchetée de Salasc'.

Tomate 'Grappe de Noël'.

Erdbeermais-Pflanzen.

Grünkohl 'Westländer Winter'.

Zitronenbasilikum 'Mrs Burns'.

ÜPPIGE ERNTE AUF DEM BALKON

Eine Biene auf dem Weg zur Sonnenblume.

INSPIRATIONSQUELLE PERMAKULTUR

Man braucht keine große Anbaufläche für üppigen Ertrag. Natürlich kann man kaum den gesamten Nahrungsmittelbedarf einer Einzelperson, geschweige denn einer ganzen Familie decken, aber es reicht aus für die eine oder andere Mahlzeit. Üppige Vielfalt heißt auch Unterschlupf und Zuhause für Blattläuse, Marienkäfer, Florfliegen, Bienen und Co. sowie Vögel. **Mit anderen Worten: Wir achten auf uns selbst, indem wir essbare Pflanzen anbauen, und zugleich schützen wir einen Teil der urbanen Fauna.**

Permakultur, ein Kofferwort aus dem Englischen *permanent* und *agriculture* ist gleichermaßen Lebensphilosophie und Lebenskunst wie auch eine Methode mit dem Ziel einer nachhaltigen und verträglichen Intervention des Menschen nach dem Vorbild natürlicher Ökosysteme. Man kann dieses philosophische Konzept auf verschiedene gesellschaftliche Bereiche anwenden, unter anderem die Gesundheit, Wohlstand, Geldwirtschaft, Bildung und Erziehung, Wohnen, Maschinen und Technologien.

Permakultur ist also nicht nur eine Technik des Gartenbaus, sondern eine Art tauglicher Werkzeugkasten zur Planung eines ertragreichen, gesunden und widerstandsfähigen Gemüsegartens.

Das in den 1970er Jahren von Bill Mollison und David Holmgren entwickelte und formulierte Konzept der Permakultur basiert auf einer Ethik, die sich **auf drei Säulen stützt**:

- Achtsamer Umgang mit der Erde.
- Achtsamer Umgang mit den Menschen.
- Die Grenzen des eigenen Verbrauchs festlegen, üppige Erträge erwirtschaften und den Überschuss mit anderen teilen.

Eigener Anbau

Dieses Grundkonzept, das für mich persönlich zur Grundlage und zum Antrieb wurde, brachte mich dazu, einen über die Jahre immer ertragreicheren Gemüsegarten anzulegen, trotz meiner geringen Fläche.

Keinen Abfall produzieren

Alles, was in meinem Balkongarten angebaut wird, bleibt hier. Rückschnitt oder Reste der Kulturen werden als Mulch verwendet. Manchmal gebe ich sogar noch Küchenabfälle hinzu, wenn der Wurmkomposter voll ist oder ich keine Möglichkeit habe, diese Abfälle in den Kompost des Gemeinschaftsgartens oder die von der Stadtverwaltung bereitgestellten Sammelbehälter zu entsorgen – so zum Beispiel während der Ausgangssperre im Zuge der SARSCoV-2-Pandemie.

Sonnenenergie einfangen

Im Zuge des Anbaus auf meinem Balkon wird Sonnenenergie mithilfe der Photosynthese gespeichert. Dieser Prozess ermöglicht den Pflanzen organisches Material herzustellen, indem sie Kohlendioxid (CO_2) aufnehmen und Sauerstoff (O_2) abgeben. Ich kultiviere extra viele Pflanzen, damit sie ein Maximum an Sonnenenergie aufnehmen.

Ressourcen schonend nutzen

Diese Grundeinstellung bestärkt mich darin, möglichst meine verfügbaren Materialien zu nutzen, anstatt neue zu kaufen: Um die Kübel zu bedecken, verwende ich das, was ich abgeschnitten habe, nicht den Mulch aus dem Gartencenter. Neben dem Einsatz als Mulch wandert der Abfall auch zu den Kompost-Würmern (*Eisenia foetida*), nach der Zersetzung dünge ich damit meine großen Kübel. So brauche ich keinen Dünger kaufen.

Selbstregulation und Rückschläge zulassen

Mein Gemüsegarten darf sich selbst regulieren. Nach einem massiven Blattlausbefall wie im Frühling 2020 lasse ich den Marienkäfern und ihren Larven freien Raum anstatt Insektizide einzusetzen, selbst wenn diese Stoffe natürlich wären. Zwar brauchen die Fressfeinde der Blattläuse ein Weilchen, bevor sie eintreffen, aber die Autoregulation setzt sich immer in Gang. Ich wappne mich mit Geduld und warte ab.

Im Großen wie im Kleinen

Die Idee hinter diesem Prinzip ist es, den Gemüsegarten auf dem Balkon wie ein globales Ökosystem zu betrachten und seine Grundbausteine nicht getrennt zu behandeln. Zum Beispiel achte ich darauf, dass ich bei der Planung meiner Kulturen im Kübel mehrere Vegetationsebenen vorsehe. Neben hoch wachsenden Gemüsen oder jenen, die viel Platz brauchen, stehen auch mittelgroße und schließlich kleine Pflanzen mit geringer Wuchshöhe und dem Habitus von Bodendeckern. Hierbei lasse ich mich vom Ökosystem des Waldes inspirieren. Durch diese Planung ergeben sich auch Mikroklima-Bereiche, die manchen Pflanzen besonders zuträglich sind. Eine Basilikum-Pflanze gewinnt unter einem Tomatenstock durch dessen Schatten.

Mischen statt trennen

Ich baue Pflanzengemeinschaften an, also Mischkulturen. Dabei setze ich die Arten zum gegenseitigen Nutzen zusammen. So stehen Möhren neben Pflanzen aus der Familie der Alliaceae wie Knoblauch, Lauch oder Zwiebeln. Letztgenannte halten die Möhrenfliege fern. Und die Möhren helfen bei der Abwehr der Lauchfliege.

Vielfalt hervorbringen

Dieses Prinzip ist einmal mehr eine Aufforderung dazu, artenreiche Kulturen anzulegen, um unter anderem Pflanzenkrankheiten zu minimieren, die sich in manchen Familien von Gemüsepflanzen entwickeln können.

In kleinen Schritten und mit Geduld

Für mich ist der Anbau von Balkongemüse eine einfache Möglichkeit, auf kleiner Fläche und wenig zeitaufwendig, etwas zu meiner Ernährung beizutragen und dabei im Rhythmus der Natur und der Jahreszeiten zu leben.

In der permanenten Hetze des Lebens in der Stadt eignet sich der Gemüsegarten sehr gut, um zu entschleunigen, und ich erfreue mich an der Schönheit und dem Zauber alles Lebendigen, übe mich in Geduld und verschaffe mir selbst Ruhe.

• Beobachten und handeln

Ich genieße es, den Gemüsegarten täglich zu betrachten, um die winzigste Entwicklung der Kulturen zu verfolgen und um Entdeckungen zu machen – beispielweise, dass manche der essbaren Pflanzen besser an einem anderen Standort gedeihen, diesen gebe ich ihnen dann auch. Bevor ich mit dem Balkongemüsegarten richtig loslegte, habe ich eine Weile lang alles beobachtet, um die Ressourcen auf meinem Balkon nun optimal zu nutzen.

• Jeder Baustein erfüllt mehrere Funktionen

Der Baustein Blüten im Gemüsegarten erfüllt mehrere Funktionen. Einerseits haben Blüten eine ästhetische Funktion und sind für eine Gärtnerin wie mich hübsch anzusehen. Manche, wie die Studentenblume, halten Schadinsekten fern. Andere dienen dank Pollen und/oder Nektar den bestäubenden Insekten als Nahrung. Und schließlich produzieren manche Arten Samen, woran die Vögel sich erfreuen.

• Nur die Vorstellungskraft setzt Grenzen

Dies ist eines meiner besonders bevorzugten Prinzipien. Es erlaubt mir, die ausgetretenen Pfade und Normen hinter mir zu lassen, um zu neuen Ufern aufzubrechen und mein Tun zu verändern.

Der blau blühende Borretsch hat besonders nektarreiche Blüten.

VEGETATIONSZYKLEN

Pflanzen haben unterschiedliche Lebenszyklen. Man unterscheidet:

• Stauden

Diese Pflanzen, darunter Liebstöckel oder Ewiger Kohl, haben die Besonderheit, im Gemüsegarten zwei und mehr Jahre an gleicher Stelle zu gedeihen. Einmal gepflanzt, hat man mehrere Jahre etwas davon!

Erdbeere (eine Staude).

• Einjährige

Diese Pflanzen durchleben ihren gesamten Lebenszyklus vom Keimen bis zur Produktion von Samen und damit dem Tod innerhalb eines Jahres. Allerdings muss man daran denken, dass manche sogenannte Einjährige ihr Leben im Eiltempo über zwei kalendarische Jahre strecken. Das wäre zum Beispiel der Wintersalat, der im Spätsommer/Frühherbst gesät wird und vor dem Winter wächst, er bildet seine Samen im folgenden Frühling.

Pflücksalat 'Mouchetée de Salasc' (eine Einjährige).

• Zweijährige

Diese Pflanzen durchlaufen die Hälfte ihres Lebenszyklus mit Keimen, Wurzel- und Blattentwicklung im ersten Jahr. Im Winter legen sie eine Vegetationspause ein, bevor sie ihren Lebenszyklus im zweiten Jahr vollenden. Beispiel dafür ist die Rote Bete.

Weißkohl (eine Zweijährige).

EINTEILUNG DER GEMÜSEPFLANZEN

Wir können die essbaren Kulturpflanzen auf zweierlei Arten sortieren:

Einteilung nach essbaren Pflanzenteilen

BLATTGEMÜSE	Ampfer, Feldsalat, Grüner Salat, Mangold, Rucola, Spinat, Zichoriensalate usw.
BLÜTENGEMÜSE	Artischocke, Blumenkohl, Brokkoli usw.
FRUCHTGEMÜSE UND SAMEN	Aubergine, Bohne, Dicke Bohne, Erbse, Gemüse- und Gewürzpaprika, Kürbis, Tomate usw.
WURZELGEMÜSE UND ZWIEBELN	Fenchel, Kartoffel, Knoblauch, Möhre, Radieschen/ Rettich, Rote Bete, Speiserübe, Zwiebel usw.

Einteilung nach botanischer Familie

ALLIACEAE	Knoblauch, Lauch, Schalotte, Zwiebel usw.
APIACEAE	Dill, Fenchel, Kerbel, Möhre, Pastinake, Sellerie usw.
ASTERACEAE	Artischocke, Grüner Salat, Haferwurzel, Cardy, Löwenzahn, Schwarzwurzel, Topinambur, Zichoriensalate usw.
BRASSICACEAE	Kohl, Garten-Kresse, Meerrettich, Radieschen/Rettich, Rucola, Speiserübe, Mizuna usw.
CHENOPODIACEAE	Mangold, Melde, Quinoa, Rote Bete, Spinat usw.
CUCURBITACEAE	Gurke, Kürbis, Melone, Zucchini usw.
FABACEAE	Bohnen (Stangen-, Busch-, Mangetout), Dicke Bohnen, Erbsen, Linsen usw.
LAMIACEAE	Basilikum, Bohnenkraut, Majoran, Melisse, Minze, Oregano, Salbei, Thymian usw.
SOLANACEAE	Aubergine, Gemüse- und Gewürzpaprika, Kartoffel, Physalis, Tomate usw.

Sowie viele andere ...

Von selbst aufgegangene violette Tomate.

AUSWAHL DER SORTEN

Bei allen Arten gibt es die eine oder andere Sorte, die sich für den Anbau im Kübel besser eignet. Das gilt für die Tomatensorte 'Red Robin', eine kleine Kirschtomate von maximal 30 cm Höhe, die mit einem einfachen Balkonkasten oder einem Topf von 18–20 cm Durchmesser zufrieden ist. Oder sogar die Auberginen der Sorte 'Slim Jim' mit kompaktem Wuchs und einem relativ kurzen Wachstumszyklus von etwa 60 Tagen.

• Einjährige Sorten

Grundsätzlich habe ich mich für den Anbau einjähriger Speisegemüse entschieden, damit ich rasch und regelmäßig ernten sowie unablässig kultivieren kann. Allerdings baue ich auch einige zweijährige Sorten wie Grünkohl an, bei dem ich ab dem ersten Jahr blattweise ernte, oder auch Kohlköpfe und Brokkoli, die ich im Sommer für die Ernte im Winter und folgenden Frühling aussäe.

• Frühe oder verfrühte Sorten

Diese Sorten sind für den Anbau auf kleiner Fläche besonders interessant, weil sie einen relativ kurzen Vegetationszyklus besitzen. Sie sind eher als andere Sorten derselben Art ausgewachsen, zum Beispiel die Cocktail-Möhre 'Pariser Markt', die man schon 3 Monate nach Aussaat erntet, oder die Tomate 'Reine des Hâtives', deren Ernte 2 Monate nach dem Auspflanzen beginnt.

Ernte der Grünkohlsorte 'Red Ursa'.

Rasch erntereife Gemüse

Ich bevorzuge Gemüsepflanzen, die man rasch ernten kann: Blattgemüse oder auch einige Wurzelgemüse, deren junge Triebe man bei Bedarf für gemischte Salate ernten kann (z. B. Rote Bete, Möhre, Radieschen). Da die Blattgemüse von innen heraus wachsen, ernte ich nur die äußeren Blätter, um die weitere Entwicklung der Pflanze nicht zu behindern, sofern ich nicht Platz für eine Folgekultur benötige.

Ausdauernde Gemüse

Außer Schnittlauch, Schnittknoblauch, Sauerampfer und Blut-Ampfer, die mehrere Jahre im Gemüsebeet stehen können, baue ich mangels Platz auf meinem Balkon keine anderen ausdauernden Gemüse an.

Schnell erntereifes Gemüse auf meinem Balkon

3 WOCHEN NACH AUSSAAT	junge Sprosse von Garten-Kresse, Erbsen (die Sprossspitzen sind essbar und schmecken wie Erbsen), Kräuter wie Kerbel, Koriander usw.
1–2 MONATE NACH AUSSAAT	junge Blätter von Grünem Salat, Rucola, Spinat, Radieschen, Japanischer Blattsenf 'Osaka Purple', Mibuna, grüner und violetter Mizuna, Grünkohl, das essbare Grün von Schalotten und Zwiebeln
2–3 MONATE NACH AUSSAAT	große Blätter von Pflücksalat und ganzer Kopfsalat, Mangold, Brokkoli der Sorte 'Calinaro', Buschbohnen, zwei Chinakohl-Sorten (Pak Choi und Pe Tsai), dazu aber auch noch Kräuter wie Petersilie, Kerbel, Koriander, Ampfer und die Speiserübe 'Milan à Collet Rose', die Möhrensorte 'Pariser Markt' und mehr
3 MONATE NACH AUSSAAT	Dicke Bohnen, Endivien, Feldsalat, Fenchel 'Fenouil Doux Précoce d'Été', Gurken, Kartoffel 'Bleue de la Manche', Tomaten (der Sorten 'Reine d'Hâtives' oder 'Précoce de Quimper'), Zichoriensalate

Die ins Kraut geschossene Grünkohlsorte 'Red Ursa' mit ihren Schoten bietet Schatten für den Spitzkohl 'Précoce de Louviers'.

Zitronenbasilikum und Tomatenpflanze.

Kerbel und der Japanische Senfspinat 'Komatsuna'.

Die Tagetes-Sorte 'Red Metamorph' unter einer Tomatenpflanze.

Dichte Bepflanzung

Um auf der begrenzten Anbaufläche mehr zu produzieren, packe ich die Kulturen so dicht wie möglich. Je nach Sorten verringere ich die Pflanzabstände um ein gutes Drittel. Die Schnittsalate pflanze ich ganz dicht und dünne sie lieber mehrmals aus, wobei immer eine kleine Ernte abfällt. Der dichte Anbau kann auch eine Quelle für Krankheiten werden, sofern nicht genug Frischluft an die Pflanzen gelangt. Man muss das vorsichtig ausprobieren. Einige Beispiele für dichte Pflanzung:

Stangenbohnen an ihren Rankhilfen.

- Grüner Salat und Radieschen/Rettiche
- Möhren und Radieschen/Rettiche
- Mangold und Feldsalat
- Kartoffeln und Bohnen oder Erbsen

Optimale Flächennutzung

Um möglichst viele Gemüse anbauen und ernten zu können, lege ich die Kulturen in mehreren Dimensionen – zeitlich wie räumlich – an.
Zeitlich setze ich auf Folgekulturen, räumlich stelle ich Rankhilfen aus Bambus (kleine Tipis) auf, an denen ich manche Pflanzen in die Höhe ziehen kann, darunter Bohnen und Erbsen. Auf diese Weise angebaut, sind diese Gemüse ertragreicher als bei der kriechenden Kultur in den Töpfen.
Dicke Bohnen und Erbsen säe ich immer im Herbst, meist im Oktober oder Anfang November, weil ich während der vergangenen 5 Jahre festgestellt habe, dass diese Kulturen in unserer Stadt gut überwintern. Ich ernte dann schon zum Frühlingsanfang, genau zu dem Zeitpunkt, da ich den Platz für die Tomaten brauche.

Ganzjährig anbauen

Viele Gärtner überspringen die Herbst- oder Winterkulturen, obwohl man auch zu dieser Jahreszeit etwas anbauen und sogar ordentlich ernten kann. Ich lasse mir für diese Zeit etwas einfallen: Ich säe ab Juli Kohl, Zichoriensalate, Rote Bete, Pflücksalat, Radieschen, Winterrettich und ab August dann Feldsalat, Spinat, Zwiebeln, Mizuna und Mibuna. Ich bringe alles entweder kurz vor Ende der sommerlichen Anbausaison (Tomate, Aubergine und Gurke) aus, wenn ich Platz habe oder einfach unmittelbar danach.

Ab Frühherbst oder im zeitigen Frühjahr schütze ich meine Kulturen mit einem Überwinterungsvlies (17 g/m^2). Dieses Schutzvlies sorgt für 2–3 °C höhere Temperaturen, was einen deutlichen Unterschied ausmachen kann. Unabhängig vom Überwinterungsvlies kann ich auch durch die Auswahl bestimmter Salatsorten das ganze Jahr hindurch meinen eigenen Salat ernten.

BEWÄSSERN UND WASSER SPAREN

Gießen ist für mich ein kritischer Punkt. Im Gegensatz zum Anbau im Freiland, wo die Wurzeln sich das Wasser aus tieferen Schichten holen können, ist man auf dem Balkon an die maximale Tiefe der Behälter gebunden. Wer einen Wasseranschluss auf dem Balkon hat, kann ein Bewässerungssystem installieren. Ich habe leider keinen Wasseranschluss, daher muss ich:

• Von Hand gießen

Mit meiner treuen Gießkanne wässere ich die Kübel regelmäßig – meistens abends und je nach Witterung –, ohne die Pflanzen nass zu machen. Von Hand zu gießen ist möglich, weil mein Gemüsebalkon relativ klein ist.

• Dicht anbauen

Die Pflanzendecke der Kulturen dicht zu halten, gelingt mit Gemüsen, die wie Bodendecker wirken, beispielsweise Grüner Salat. Dadurch verringert sich die Verdunstung des Wassers und meine Anbautöpfe trocknen nicht so schnell aus.

• Mulchen und Flächenkompostierung

Entweder überziehe ich meine Anbaugefäße mit Kulturen, die als Bodendecker wirken, oder ich verteile die Pflanzenreste auf der Oberfläche. Das schränkt die Verdunstung des Wassers ein, bewahrt die Feuchtigkeit und schützt vor Wind und Wetter – und natürlich spare ich dadurch Wasser. Ich praktiziere so eine Art Mischform von Mulchen und Kompostbedeckung – das Flächenkompostieren –, wobei die Reste von Pflanzen und dazu noch ein Teil meiner Küchenabfälle oberflächlich ausgebracht werden. Dieses organische Material nährt die Kompostwürmer (*Eisenia foetida*), die ich in einigen meiner Pflanzkübel extra angesiedelt habe. Während die Würmchen die Überreste der Kulturen und die Küchenabfälle zersetzen, düngen sie mir meine Kübel.

Bewässerung mit Tongefäßen: die Oyas

Diese uralte unterirdische Bewässerungstechnik wirkt indirekt durch Kapillarkräfte und dank der Oyas trifft sie den Zeitgeist. Dazu wird ein gebrannter Tontopf in der Erde eingegraben und darüber legt man einen Deckel, damit das Wasser nicht verdunstet. Der poröse Ton lässt das Wasser langsam hindurchsickern und speist die Wurzeln der Pflanzen unmittelbar neben dem Topf. Ich verwende dazu einen Blumentopf aus Ton, dessen Ablaufloch ich mit einem Korken verschlossen habe. Danach platziere ich den Topf mitten in einem großen Pflanzkübel, fülle das Wasser ein und decke ihn schließlich mit einem Deckel aus Ton zu.

Regenwasser nutzen

Mein Balkon hat den Vorteil, dass er nicht überdacht ist, und somit werden die Pflanzen ganz natürlich durch den Regen bewässert. Außerdem lasse ich immer einige Behälter stehen, um Regenwasser aufzufangen.

Im Allgemeinen brauche ich die großen Kübel wegen ihrer Höhe von 40–50 cm und der Mulchabdeckung sowie der indirekten Bewässerung durch die Tontöpfe kaum zu gießen, es sei denn es herrschen extreme hochsommerliche Temperaturen oder die Arten sind sehr durstig. Bei den kleinen Balkonkästen muss ich jedoch sehr auf das Gießen achten, weil die Erde rasch austrocknet und ich sie daher täglich bewässern muss.

FRUCHTBARKEIT ERHÖHEN

Wie alle anderen Pflanzen benötigen auch Gemüse Nährstoffe, um zu gedeihen. In den kleineren Kübeln mit wenig Substrat sind diese Nährstoffe rasch aufgezehrt und müssen daher unbedingt ersetzt werden. Ich sorge auf recht einfache Weise für die anhaltende Fruchtbarkeit in den Kübeln.

• Flächenkompostierung

Die organischen Stoffe, die ich auf der Erdoberfläche der Kübel ausbringe, werden von den Kompostwürmern verdaut und deren Hinterlassenschaften sorgen dann für Fruchtbarkeit.

• Lasagnebeet

In zweien meiner großen Kübel verwende ich seit 2 Jahren die Schichttechnik ähnlich einer Lasagne. Dieses Verfahren dient zur Herstellung eines fruchtbaren Substrats. Dazu schichtet man abwechselnd eine kohlenstoffhaltige Schicht (braune Abfälle) und eine stickstoffreiche Schicht (grüne Abfälle) übereinander. Den Abschluss obenauf bildet eine Lage Erde oder Kompost. Zur Anlage dieser Schichten sammelte ich die Grünabfälle aus Einfamilienhäusern. In der schönen Jahreszeit stehen immer Unmengen von Grünschnittabfallsäcken am Vorabend der Abfuhr auf den Bürgersteigen. Auch übernahm ich unverkaufte Gemüse- und Obstabfälle meines Bioladens, die man nicht mehr an die Tafeln spenden konnte. Nach dem Aufschichten setzte ich meine Pflänzchen direkt ein. Bei diesem Anlass stellte ich fest, dass diese Technik wirklich interessant ist, da die Kulturen wunderbar gewachsen sind.

• Wurmkompost

Im Jahr 2014 begann ich die Wurmkompostierung, weil ich meinen Abfall reduzieren wollte. Die Wurmkompostkiste ist Marke Eigenbau und genau auf die Größe meines Spülenunterschranks abgestimmt. Ich kaufte drei stapelbare Ordnungsbehälter von 10 Liter Inhalt. In zwei Behälter habe ich hinten kleine Löcher gebohrt, damit die Brühe abfließt, und ebenso in den Deckel zur Belüftung. Der unterste Ordnungsbehälter, nicht durchlöchert, dient zum Sammeln der von den Würmern ausgeschiedenen Flüssigkeit, die Komposttee oder Wurmtee genannt wird, eine braune Brühe, die von den Würmern beim Zersetzen der organischen Stoffe

Wurmkompost-Kiste Marke Eigenbau.

hergestellt wird. Diese Brühe ist ein Flüssigdünger-Konzentrat – völlig kostenlos und besonders reich an Nährstoffen, Mineralien und Spurenelementen. Die beiden darüber platzierten Behälter dienen als Zuhause der wertvollen Würmer *Eisenia foetida* und für die Küchenabfälle. Durch den Wurmkomposter erhält man die Düngeflüssigkeit und feinen Kompost. Nach einigen Misserfolgen im Sommer aufgrund von Fliegen habe ich den Komposter in den Keller gestellt, wo die Temperatur konstant ist. Mehrere Jahre hindurch habe ich mit den Würmern kompostiert, es dann aber wegen des aufwendigen Treppensteigens wieder beendet. Eine Weile entsorgte ich einen Teil der Küchenabfälle über die kommunale Grüngutsammlung, deren Behälter an meinem Weg zur Arbeitsstätte stehen. Im März 2020 begann ich wegen der Ausgangssperren im Zusammenhang mit der Pandemie das Kompostieren mit den Würmern erneut, weil ich meine Küchenabfälle nicht mehr in den Sammelbehältern entsorgen konnte. Aus meinen Pflanzenkübeln habe ich dazu eine Handvoll Erde mit Würmern entnommen und in den Komposter gelegt. Ziemlich rasch konnte ich die Kompost-Brühe ernten, die ich in der Verdünnung von 1 Liter Brühe auf 9 Liter Wasser zum Gießen meiner Kulturen oder Zimmerpflanzen verwende. Auf den Kompost muss ich noch etwa 6 Monate warten.

• Kompost beschaffen

In der Stadt können mehr und mehr Personen sowie kommunale Betriebe Kompostierung, insbesondere Wurmkompostierung, betreiben, um das Gewicht der Restmülltonnen zu reduzieren. Viele Kommunalverwaltungen bieten Komposter, Wurmkomposter und Biotonnen an. An meinem Wohnort gibt es auch noch Sammelpunkte für Küchenabfälle in den Stadtvierteln.

Oftmals haben Bürger, die Wurmkompost erzeugen, eine größere Menge Kompostbrühe oder fertigen Kompost als sie selbst benötigen oder sie können gar nichts damit anfangen. Neben den Einzelpersonen stellen auch Haus- und Eigentümergemeinschaften gemeinsame Sammelbehälter auf. Das ist beispielsweise in einer Wohnanlage in meiner Nachbarschaft der Fall. Deren Mitgliederrat, der das Kompostprojekt ins Leben gerufen hat, und ich haben uns darauf geeinigt, ein paar Aperitifs gegen Kompost zu tauschen. So verbringt man eine angenehme Zeit zusammen und ich gehe mit fein gesiebter Komposterde wieder nach Hause. Und als Mitglied einer örtlichen SEL-Gruppe (SEL steht für System des lokalen, gegenseitigen Austauschs) bekomme ich gelegentlich auch Kompost, das läuft über eine Kleinanzeige. Es gibt viele Möglichkeiten an Dünger zu kommen! Wenn diese Wege nicht für die benötigte Menge sorgen, dann greife ich schon mal auf die Bestellung im Internet zurück. In diesem Jahr habe ich vielzehrende Kulturen wie Kürbis angebaut und daher erstmals Wurmkompost und Pferdemist für den Einsatz in der biologischen Landwirtschaft gekauft.

Jauche

Manche Naturrezepte wie Brennnessel- oder Beinwelljauche, die durch Vergärung der genannten Pflanzen entstehen, besitzen interessante Dünge-Eigenschaften. Die beiden fermentierten Extrakte regen das Wachstum an und wirken zugleich als Dünger, die Brennnessel durch ihren Stickstoffreichtum, der Beinwell durch den Kaliumgehalt. Auch in der Stadt kann man die Jauchen herstellen. Im Frühling ernte ich mit Handschuhen bewaffnet die Brennnesseln vor der Bildung der Blüten in einer Grünanlage. Ich schneide sie in Stücke und mische etwa 1 kg frische Brennnesseln und 10 Liter Wasser in einem Plastikeimer mit Deckel. Metalleimer eignen sich nicht, weil sie oxidieren. Ich lasse sie etwa 2 Wochen lang darin liegen, wobei ich täglich so lange rühre, bis keine Luftblasen mehr aufsteigen. Nach 2 Wochen filtere ich die Flüssigkeit. Diese Jauche wird auf 10 % verdünnt. Man sollte aber bedenken, dass bei der Herstellung ein recht unangenehmer Geruch entsteht. Daher setze ich die Jauche im Gemeinschaftsgarten an – und nur in Ausnahmefällen auf dem Balkon. Sehr selten stelle ich Beinwelljauche her, weil man diese Pflanze in der Stadt kaum findet.

Schwebfliege auf dem Weg zur Blüte eines gelben Schmuckkörbchens (*Cosmos sulphureus*).

EIN ZUHAUSE FÜR DIE ARTENVIELFALT

Die beiden ersten ethischen Grundsätze der Permakultur fordern uns dazu auf, die Erde und die Menschen zu achten, anders ausgedrückt alle Lebensformen und deren Interaktionen. Zu einem Zeitpunkt, da die Artenvielfalt immens bedroht ist und wir uns an der Auslöschung ganzer Insekten- und Vogelpopulationen sowohl auf dem Land als auch in der Stadt beteiligen, könnte die Anlage eines Balkongemüsegartens ein Weg sein, auf individueller Ebene zu einer schonenderen Lebensweise beizutragen und das Leben in seiner pflanzlichen und tierischen Vielfalt zu bewahren.

Damit der Gemüsegarten einen möglichst positiven Beitrag leistet, gibt es nichts Besseres als natürlichen Anbau ohne synthetisch hergestellte Pestizide oder Chemikalien, deren Einsatz seit 1. Januar 2019 in Frankreich verboten ist. Und wenn man noch weiter gehen möchte, indem man nicht eingreift, sondern die Natur ans Ruder lässt, so reguliert die Natur auf wunderbare Weise alles, was aus dem Gleichgewicht geraten war.

Insekten sind zweifellos ein Trumpf im Gemüsegarten. Während einige wie die Bienen und Hummeln für die Bestäubung der Kulturen sorgen, indem sie den Pollen von den Staubgefäßen der männlichen Blüten zu den Stempeln der weiblichen Blüten tragen, und wir dann Zucchini, Gurken, Zwiebeln oder Erdbeeren ernten, tragen andere wie die Marienkäfer und ihre Larven dazu bei, die Blattlauspopulationen mit höchster Wirksamkeit zu bekämpfen.

Biene beim Besuch einer Dahlienblüte.

Fliege auf einem Blatt des Japanischen Blattsenf 'Osaka Purple'.

Die Larve eines Marienkäfers verschlingt eine Blattlaus.

Marienkäfer auf Salatpflänzchen.

Ein einzelner Marienkäfer frisst zwischen 50 und 100 Blattläuse am Tag. Um diese wertvollen Verbündeten in den Gemüsegarten zu locken, muss man ihnen Behausung und Schutz bieten.

• Gemüsepflanzen-Vielfalt

Ich achte darauf, möglichst verschiedene Arten und Sorten von Gemüse, Blumen und Kräutern anzubauen. Dabei greife ich, wie schon an anderer Stelle erwähnt, auf Samen des kleinbäuerlichen Anbaus und auf alte Sorten zurück.

• Nektarreiche Pflanzen

Manche Pflanzen produzieren besonders viel Pollen oder Nektar in guter Qualität. Pollen und Nektar sind das Hauptnahrungsmittel der bestäubenden Insekten. Daher gehören in meinen Gemüsegarten folgende Pflanzen:

- **Gemüse** wie Zucchini, Einmachgurke und Fenchel.
- **Kräuter** wie Koriander, Ysop, Basilikum, Duftnesseln und Schnittlauch.
- **Blumen** wie Kokardenblume, Lupine, Jungfer im Grünen, Borretsch, Ringelblume, Schmuckkörbchen, Dahlien, Sonnenblumen und Skabiosen.

Prunkwinde 'Carnevale di Venezia'.

Basilikum 'Aromatto'.

- **Gründünger** wie Phazelie und Buchweizen.

Neben dem Gemüse, dessen Blüte wie bei der Zucchini zwingend nötig ist, um Früchte zu ernten, dürfen auch Kräuter wie Koriander oder sogar andere Gemüse bei mir blühen, damit ich Samen gewinnen kann und die Bestäuber etwas zum Fressen finden. Zu Beginn des Jahres 2020 habe ich Grünkohl- und Selleriesamen produziert. Deren Blüte im Februar und März lockt viele Insekten an, wenn nur wenige Blüten in dieser Saison zu finden sind. Ich achte darauf, dass ich vom Frühling bis in den Herbst hinein stets etwas Blühendes anbieten kann.

• Schädlinge und ihre Verfolger

Ein Gemüsebeet ist ein Ökosystem mit einer großen Anzahl zusammenlebender Individuen, dessen Gleichgewicht manchmal am seidenen Faden hängt. Sobald dieses Gleichgewicht durch das Auftreten von Schädlingen und Parasiten aus der Balance kommt, sind die nützlichen Verfolger meist nicht weit, weil sie von dieser reichen Nahrungsquelle angelockt werden.
Wenn ich mich auf die Handlungsprinzipien der Permakultur stütze (also beobachten und handeln, Selbstregulierung und Rückschläge zulassen) und zudem in Einklang mit der Natur und nicht gegen sie wirtschafte, **dann vermeide ich Interventionen und lasse dem Gemüsegarten die Chance sich selbst zu heilen.**

Als Beispiel aus der Praxis hatte ich im Frühling 2020 mit Massen von schwarzen Blattläusen auf den Alliaceae (Schnittlauch und Lauch) zu kämpfen, danach mit grünen Blattläusen auf den Apiaceae (Sellerie und Petersilie) und schließlich noch grauen Läusen auf den Brassicaceae (Grünkohl und Spitzkohl 'Précoce de Louviers'). Die Situation überrollte mich quasi. Ich fügte mich mit Geduld in dieses Übel und zum Glück tauchten schon einen Monat nach der Invasion der Läuse die ersten Marienkäfer auf, dann ihre Eier und ihre Larven. Ziemlich schnell machten sich die Marienkäfer und ihre Larven vernichtend über die Blattläuse her und das Auftreten der Läuse regulierte sich.

Andere Schädlinge wie Minierer treten ebenfalls gelegentlich in meinen Kulturen auf. Sie ähneln winzigen Raupen und bohren Gänge in die Blätter von Bohnen, Spinat und Mangold. Zur Abhilfe entferne ich einfach alle befallenen Blätter. An der Basis der Blattspreiten von Borretsch sah ich die Anlage einer Blattlauskolonie durch Ameisen.

Eier der Wanze *Nezara viridula,* auch bekannt als Grüne Reiswanze, an der Unterseite eines Tomatenblattes.

Minierfliege im Blatt der Bohne 'Red Noodle'.

Raupe auf der Blattunterseite der Bohne 'Coco de la Meuse'.

Graue Blattläuse auf einer Schote vom Grünkohl 'Red Ursa'.

Die Läuse ernähren sich vom süßen Pflanzensaft und sondern dann einen flüssigen Honigtau ab, den die Ameisen lieben. Also beschützen die Ameisen ihre Blattläuse vor Marienkäfern, Florfliegen sowie deren Larven, um weiterhin den süßen Tau genießen zu können. Tatsächlich habe ich dic Marienkäferlarven überall in den Beeten entdeckt, nur nicht an dieser Stelle. Das ganze Gewimmel trägt dazu bei, den Gemüsegarten im Gleichgewicht zu halten.

• Vögel

Mein Balkongemüsegarten ist eine kleine Oase für Vögel in der Stadt. Er bietet ihnen Pflanzen und Nahrung. Meisen, Sperlinge und Tauben erweisen mir die Gunst eines Besuchs. Wenn auch die ganzen kleinen Vogelarten kaum Schaden anrichten und sich auf das Picken an wenigen Blattgemüsen beschränken, solange ich Ihnen kein Wasser aufstelle, erweisen sich die Tauben als gierige Fresser an den Brassicaceae (an Blättern von Rucola, Minzuna und Kohl sowie an den essbaren Blüten des Brokkoli).

Japanischer Senfkohl 'Mizuna Purple' vor und nach dem Taubeneinfall.

Ich habe mich dergestalt mit ihnen arrangiert, dass ich ihnen den Palmkohl überließ. Den Brokkoli deckte ich mit Vlies ab, um etwas davon zum Essen zu haben.

Außerdem kultiviere ich auch Kapkörbchen und Sonnenblumen, deren Blüten ich so liebe und die auch von bestäubenden Insekten gerne aufgesucht werden. Von den getrockneten Samen ernähren sich die Vögel ebenfalls gerne.

Um den Vögeln den Winter hindurch zu helfen, hänge ich bis März Fettfutter (Meisenknödel) auf.

Flächenkompostierung in einem meiner großen Pflanzkübel. Die Kompostwürmer *Eisenia foetida* zersetzen den Grünabfall.

Würmer

Da ich Flächenkompostierung geplant hatte, besiedelte ich einige meiner großen Kulturkübel mit Kompostwürmern. Diese Kompostwürmer leben auf wenigen Zentimetern Tiefe in der obersten Erdschicht. Sie sind wunderbare Tiere zum Umwandeln von organischen Stoffen, wovon sie sich ernähren. In Ihrem Gefolge entdeckte ich auch andere Kleinlebewesen in meinen Pflanzbehältern: Tausendfüßler, Asseln, gelegentlich einige Nacktschnecken. Letzere wurden sicherlich durch meine Pflanzen aus dem Schrebergarten auf den Balkon verschleppt. Wie auch immer, ich liebe es, in lebendigem Boden zu gärtnern.

Neben den schon genannten Maßnahmen, kann auch ein rein mit Blättern oder Holzhäckseln gefüllter Balkonkasten als Insektenhotel dienen und ermöglicht der einen oder anderen Art, zum Beispiel den Marienkäfern, das Überwintern.

EIGENES SAATGUT ERNTEN

Saatgut zu gewinnen ist verhältnismäßig einfach und selbst Anbauamateuren gelingt es. Dazu muss man lediglich die Arten und Pflanzen auswählen, die man als Samenproduzent einen gesamten Vegetationszyklus vom Samenkörnchen bis zum Aussamen durchlaufen lässt. Bedenken Sie aber, dass manche Pflanzen für diesen gesamten Lebenszyklus viel Platz im Beet beanspruchen und es für andere Kulturen blockieren. Dazu fallen mir Kohlarten wie Brokkoli oder Romanesco ein. Nehmen Sie daher Gemüsepflanzen, die weniger oder kaum Platz beanspruchen, zum Beispiel Spinat, Grünkohl, Grünen Salat, natürlich aber auch Fruchtgemüse und Kerne wie Bohnen, Erbsen, Tomaten und Gemüsepaprika.

Autogamie und Allogamie

Diese beiden Fachbegriffe sind für die Gewinnung von Saatgut von grundlegender Bedeutung. Bei Gemüsepflanzen gibt es normalerweise unabhängig von Apogamie, also asexueller (vegetativer) Vermehrung, zwei Arten der Vermehrung:

Autogame Pflanzen können sich selbst bestäuben. Die männlichen und weiblichen Organe sitzen innerhalb ein und derselben Blüte. Der Pollen

Blüte eines Kohls und Bildung der Schoten (Früchte mit Samenkörnern darin).

Samen von Kerbel.

befruchtet also den Stempel der gleichen Blüte. Das passiert bei Bohnen, Erbsen, Tomaten und Grünem Salat.

Allogame Pflanzen werden durch den Pollen einer zweiten Blüte bestäubt. Diese Blüte kann an der derselben Pflanze wachsen oder an einer anderen. Zucchini sind ein Beispiel für monözische Pflanzen mit männlichen und weiblichen Blüten an einem Stock. Damit die Zucchini-Frucht sich bildet, muss die weibliche Blüte mit Pollen einer männlichen Blüte bestäubt werden, der durch Insekten herbeigetragen wird.

Kreuzungen

Häufig entstehen Kreuzungen von zwei Sorten derselben Art. Am einfachsten ist es, nur eine Sorte pro Art zur Samenreife kommen zu lassen, um die Kreuzungen zu vermeiden. Und zum Anfang kann man mit autogamen Arten beginnen.

Wie gewinnt man Saatgut?

1. Den Samenträger auswählen
Um eine oder mehrere Individuen aus samenfesten Kulturpflanzen als Samenproduzenten auszuwählen, geht man nach Aussehen (schöner Salatkopf), Merkmalen und Fähigkeiten (gut gewachsen, resistent gegen Schädlinge), gutem Geschmack. Die Auswahl kann auf einem oder mehreren Kriterien basieren. Um eine gewisse genetische Vielfalt zu bewahren, sollten Sie mehrere Pflanzen als Samenproduzenten aussuchen. Das ist bei einem Balkongemüsegarten mangels Platz etwas kompliziert. In diesem Fall ernten Sie von einer oder zwei Mutterpflanzen und wenden sich dann mit den Samen an Tauschbörsen, um die genetische Vielfalt zu erhalten.

2. Auf die Blüte warten
Hüten Sie die Samenproduzenten bis zur Blüte.

3. Einige Früchte ungeerntet lassen
Lassen Sie die Phase der Blütenbildung bis zur Fruchtentwicklung ununterbrochen ablaufen. In den Früchten finden sich die Samen, die Sie später ernten.

4. Die Früchte beobachten
Lassen Sie Früchte wie Schoten oder Hülsen an den Pflanzen reifen und trocknen. Aufmerksamkeit ist beim Reifen der Schoten von Kohlgewächsen (Brassicaceae) geboten, weil sie bei Vollreife platzen, um die Samen zu verbreiten. Grüner Salat bildet etliche Stängel, die einen verzweigten Blütenstand mit zahlreichen Blüten in un-

terschiedlichem Entwicklungsstand tragen, weshalb man warten sollte, bis etwa 75 % der Blüte vorüber ist. Die Früchte der Fruchtgemüse wie Tomaten, Paprika oder Kürbis sollte man bei Vollreife oder Überreife ernten.

5. Ernte

Machen Sie sich nach einigen Tagen trockenen Wetters an die Ernte der Samen, damit möglichst wenig Restfeuchte in den Fruchtständen bleibt. Das ist besonders für Schoten, Hülsen und die Früchte der Asteraceae-Gemüse (z. B. Grüner Salat) wichtig.

Mais der Sorte 'Glass Gem'.

6. Trocknen

Entnehmen Sie die Samen und lassen Sie sie trocknen. Bei sehr wässrigen Früchten wie der Tomate sollte man die Pulpe entweder auf einem Küchentuch ausbreiten und trocknen lassen oder sie gären lassen. Geben Sie dafür die Pulpe mit den Samenkörnern in einen Behälter (z. B. ein Glas), fügen Sie ein wenig Wasser hinzu und lassen Sie es gären. Nach wenigen Tagen entsteht oberflächlich ein weißer Schaum. Schütten Sie die gegorene Mischung in ein feines Sieb und spülen Sie sie unter fließendem Wasser. Abtropfen und auf einem Teller trocknen lassen, dabei die Samen voneinander trennen.

Feuer-Bohnen-Züchtung 'Scarlet Emperor'.

Ich bewahre gekaufte Samen in ihren originalen Papiertütchen auf. Meine selbst gezogenen Früchte mit den Samen darin (z. B. Schoten) lagere ich nach dem Trocknen in Kopfkissenbezügen, Papiertüten oder feinen Baumwollbeuteln zwischen. Nach dem Auspulen verwahre ich die Samen in kleinen Papiertüten, Stoffbeuteln oder Gläsern.

7. Aufbewahren

Getrocknete Samen sollte man in atmungsaktiven Behältnissen wie Papierumschlägen oder -tüten aufbewahren und diese mit dem Sortennamen, Erntedatum und -ort beschriften. Saatgut am besten lichtgeschützt, kühl und trocken lagern.

Wichtig zu wissen: Die Samen einiger Arten müssen nach der Ernte und dem Trocknen kurzfristig gekühlt lagern. Das gilt für die Samen der Leguminosen (Erbsen und Bohnen), weil sie von Käferlarven (Gattung Koleoptera) befallen werden können, die sich darin entwickeln und sie von innen her auffressen. Aus diesem Grund empfiehlt es sich wirklich, sie mindestens 2 Tage bis zu 1 Woche ins Gefrierfach zu legen, um die Larven abzutöten.

Saatgut – ein wertvolles Gut

Auf der Internetpräsenz des VERN (www.vern.de: Verein zur Erhaltung und Rekultivierung von Nutzpflanzen) finden Sie viele Informationen zur Erhaltung der Biodiversität, zu gentechnikfreiem Saatgut und wie Sie selbst aktiv werden können. Infos, wie Sie Ihr eigenes Saatgut gewinnen können, finden Sie auf vielen Seiten im Internet. Im Buch „Gemüse und Blumen aus eigenem Saatgut" von Heidi Lorey (Verlag Eugen Ulmer) entdecken Sie viele verschiedene Arten und Sorten sowie ausführliche Anleitungen.

Wie lange sind Gemüsesamen keimfähig?

Die Keimfähigkeit von Samen lässt mit der Zeit nach und die Zeitspanne, innerhalb der die Samen sich die Fähigkeit zum Keimen bewahren, variiert je nach Art und Sorte. Zur Orientierung finden Sie hier eine Tabelle mit den Werten für einige ausgewählte Gemüse.

GEMÜSE	DAUER DER KEIMFÄHIGKEIT
Aubergine	2–3 Jahre
Basilikum	8 Jahre
Bohnen	3 Jahre
Borretsch	8 Jahre
Dicke Bohnen	5–6 Jahre
Erbsen	2–3 Jahre
Feldsalat	4–5 Jahre
Fenchel	3–4 Jahre
Garten-Kresse	3–4 Jahre
Gemüsepaprika	3 Jahre
Grüner Salat	4–5 Jahre
Gurke	8–10 Jahre
Haferwurzel	2 Jahre
Kerbel	2–3 Jahre
Kohl	5–8 Jahre
Kohlrabi	6–10 Jahre
Koriander	5–6 Jahre
Kürbis	3–4 Jahre
Lauch	2–3 Jahre
Löwenzahn	3–4 Jahre
Mais	2 Jahre
Mangold	6 Jahre

GEMÜSE	DAUER DER KEIMFÄHIGKEIT
Melde	4–5 Jahre
Melone	5–6 Jahre
Neuseelandspinat	3–4 Jahre
Paprika	3–4 Jahre
Pastinake	1–2 Jahre
Patisson-Kürbis	4–5 Jahre
Petersilie	2–3 Jahre
Physalis	8–10 Jahre
Radieschen/Rettich	5 Jahre
Rucola	4 Jahre
Schwarzwurzel	2 Jahre
Sellerie	6–8 Jahre
Sonnenblume	6–7 Jahre
Speiserübe	4–5 Jahre
Spinat	4–5 Jahre
Steckrübe	4–5 Jahre
Tomate	4–5 Jahre
Wassermelone	4–5 Jahre
Wirsing	2–6 Jahre
Zichoriensalate	6–8 Jahre
Zucchini	6–8 Jahre
Zwiebel	2 Jahre

DIE KULTUREN IM JAHRESLAUF

MONAT FÜR MONAT

Für einen optimalen Anbau arbeite ich bei den meisten meiner Kulturen mit der Aussaat (bzw. dem Stecken von Zwiebeln und Knoblauch), die ich in erster Linie drinnen vornehme und sobald das Wetter passt auch draußen. Bei einigen einfachen und geeigneten Sorten säe ich auch direkt in die Kulturbeete.

Aufgrund der geringen Anbaufläche, die mir auf Balkon und Fenstersimsen zur Verfügung steht, säe ich nur kleine Mengen. Aber ich achte auf Vielfalt, damit ich später ein wenig von allem ernten kann.

Da ich ganzjährig Gemüse anbaue, säe ich auch von Februar bis Oktober aus, wobei ich im Spätwinter und zeitigen Frühling verstärkt für die Ernte im Frühling und Sommer säe. Im Sommer gibt es noch einen Höhepunkt zur Vorbereitung der herbst-winterlichen Ernte.

Ich warte im Februar immer recht ungeduldig darauf, die Anzucht zu beginnen, nachdem ich im Dezember und Januar ein wenig untätig nur mit der Auswahl der Sorten verbracht habe. Ab Anfang Februar spüre ich das Kribbeln in den Fingern und nichts hält mich mehr auf – ich will ich mich mit dem Säen nicht verspäten.

Ich beginne immer mit Gemüsepaprika, Gewürzpaprika und Auberginen drinnen auf der Fensterbank, weil diese Samen zum Keimen Wärme benötigen, und den Abschluss im Oktober bilden die Dicken Bohnen, Erbsen und das Auspflanzen von Knoblauch direkt in die Kästen.

Die folgenden Angaben sind verallgemeinerte Informationen und Hinweise. Man sollte die Aussaatzeiten an den Standort und die örtlichen Witterungsbedingungen anpassen.

Ernte der Kapuzinererbse 'Blauwschokker'.

<table>
<tr><th></th><th></th><th>JANUAR</th><th>FEBRUAR</th><th>MÄRZ</th></tr>
<tr><td rowspan="3">SAAT</td><td>WARM, DRINNEN</td><td></td><td>1. Monatshälfte: Aubergine, Gemüsepaprika, Gewürzpaprika
2. Monatshälfte: Duftnessel, Frühlingssalat, Grüner Salat, Physalis, Tomaten</td><td>Aubergine. Basilikum, Duftnessel, Physalis, Sellerie, Tomate</td></tr>
<tr><td>DRAUSSEN, UNTER SCHUTZHAUBEN, IN TÖPFCHEN MIT MINIGEWÄCHSHAUS ODER ÜBERWINTERUNGSFOLIE</td><td></td><td>2. Monatshälfte: Kohl (in Töpfchen), Lauch (in Töpfchen), Möhren, Radieschen, Speiserübe, Zwiebeln (in Töpfchen)</td><td>Ampfer, Frühlingssalat, Garten-Kresse, Grüner Salat, Kerbel, Kohl, Koriander, Lauch, Mangold, Melde, Mizuna, Mibuna, Komatsuna, Möhre, Petersilie, Rote Bete, Rucola, Schnittlauch, Spinat, Zwiebel</td></tr>
<tr><td>DIREKT IN DIE KULTURKÜBEL</td><td></td><td>• Bohnen
• Erbsen</td><td>Dicke Bohnen, Erbsen, Möhre, Radieschen, Speiserüben</td></tr>
<tr><td rowspan="2">PFLANZUNG</td><td>DIREKT IN DIE KULTURKÜBEL</td><td colspan="2">Knoblauch (Zehen), Zwiebel (Steckzwiebeln) Schalotten (Steckzwiebeln) oder gekaufte Zwiebeln und Schalotten für grüne Austriebe (essbar)</td><td>Kartoffeln, wenn die Vorhersage mildes Wetter ankündigt Zwiebel und Schalotten aus dem Laden</td></tr>
<tr><td>AUSPFLANZUNG IN DIE KÜBEL</td><td></td><td></td><td>Erdbeeren
Die vorab gezogenen Pflänzchen je nach Entwicklungsstadium</td></tr>
<tr><td colspan="2">WEITERE AUFGABEN IN DIESEM MONAT</td><td>• Pflanzplan und Saatkalender vorbereiten
• Inventarisierung und Auswahl der Samen
• Kauf und Tauschbörsen für Samen
• Winterschutz über die Kulturen breiten, je nach Wetterbericht
• Vögel füttern
• Mulchen
• Flächenkompostierung
• Pflanzenerde kaufen
• Reinigen der Töpfe, Schalen, Beschriftungsetiketten
• Kartoffeln ab Anfang Januar drinnen, bei Licht, keimen lassen (etwa 1-2 Monate vor der Pflanzung)</td><td>• Keimung der Kartoffel (drinnen)
• Kauf und Tauschbörsen für Samen
• Winterschutz über die Kulturen breiten, je nach Wetterbericht
• Vögel füttern
• Mulchen
• Flächenkompostierung
• Pflanzenerde kaufen
• Reinigen der Töpfe, Schalen, Beschriftungsetiketten</td><td>• Keimung der Kartoffeln bei Licht
• Vorläufiges Pikieren der drinnen gezogenen Paprikapflanzen, Auberginen, Tomaten und Physalis in einzelnen Töpfchen
• Nötigenfalls Folien-Winterschutz über die Kulturen breiten
• Vögel füttern
• Mulchen
• Flächenkompostierung
• Kompost, Wurmkompost oder reifen Mist hinzugeben
• Pflanzenerde kaufen
• Auswahl der Samenproduzenten bei Kohl, Rucola, Mangold, Grünem Salat, wenn ich 1-2 gute Individuen davon habe</td></tr>
</table>

APRIL	MAI	JUNI
1. Monatshälfte: Basilikum, Haarblume, Mais 2. Monatshälfte: Basilikum, Bohnen, Gurke, Haarblume, Schwarzäugige Susanne, Sonnenblumen, Zucchini	1. Monatshälfte: Basilikum, Bohnen, Gurke, Sonnenblumen, Zucchini	2. Monatshälfte: Gurke (gestaffelte Saat), Zucchini (gestaffelte Saat)
Ampfer, Frühlingssalat, Garten-Kresse, Grüner Salat, Kerbel, Klatschmohn, Kohl, Koriander, Lauch, Mangold, Melde, Mizuna, Mibuna, Komatsuna, Möhre, Petersilie, Phazelie, Rucola, Rote Bete, Schnittlauch, Spinat	Ampfer, Borretsch, Buchweizen, Garten-Kresse, Grüner Salat, Kerbel, Kohl, Koriander, Mangold, Melde, Möhre, Petersilie, Rote Bete, Schnittlauch, Sommersalat	
Möhre, Speiserübe, Radieschen/ Rettiche	Möhre, Radieschen/Rettiche	1. Monatshälfte: Bohnen (zeitlich gestaffelt), Prunkwinde (um die Tomatenstöcke)
• Kartoffeln	Nach den Eisheiligen (um den 11. bis 14. Mai): Kartoffeln	
• Erdbeeren • Tomaten in Zwergformen, z. B. 'Red Robin' (bei mildem Frühling). • Nächtlicher Schutz mit Überwinterungsvlies oder in Innenräume hereinholen. • Die vorab gezogenen Pflänzchen je nach Entwicklung.	• Sämlinge aus den Vorwochen in Anzuchttöpfchen Nach den Eisheiligen: • Aubergine, Basilikum, Bohnen (in Töpfen vorgezogen), Gurken, Haarblume, Gemüsepaprika, Gewürzpaprika, Mais, Sonnenblume, Tomate, Zucchini	Grüner Salat, Gurke (Ende Juni/ Anf. Juli für gestaffelte Ernte), Physalis-Stecklinge, Zichoriensalate, Zucchini (Ende Juni/Anf. Juli für gestaffelte Ernte)
• Umtopfen der Paprikapflanzen, Auberginen, Tomaten und Physalis in größere Töpfe und Vereinzeln/ Pikieren anderer Sämlinge • Kartoffeln anhäufeln (einen Monat nach der Pflanzung) • Kompost, Wurmkompost oder Mist in die freien Kübel hinzugeben, wo später Vielzehrer (Kürbis, Tomaten, u. a.) wachsen sollen. • Mulchen • Flächenkompostierung 2. Monatshälfte: • Akklimatisieren von Auberginen-Paprika- und Physalis-Pflanzen an die Außentemperatur durch tagsüber immer länger werdende Aufenthalte im Freien. • Rankhilfen aufstellen • Samen von Kohl, Rucola, Mangold und Grünem Salat vermehren, wenn 1-2 schöne Exemplare wachsen. • Stecklinge von Physalis vermehren (von einer im Warmen überwinterten Pflanze).	• Zugabe von Wurmkompost, Kompost oder reifem Mist in die Kübel für die Vielzehrer (Aubergine, Haarblume, Gurke, Paprikapflanzen und Tomaten, Zucchini) • Auspflanzen der letzten Pflanzen aus Anzuchttöpfen in die Kübel auf Balkon und Fenstersims • Mulchen • Flächenkompostierung • Bewässerungsgefäße (Oyas) platzieren • Stützen für die rankenden Pflanzen setzen • Tomaten abstützen	• Mulchen • Flächenkompostierung • Bewässerungsgefäße (Oyas) platzieren • Tomaten abstützen, anbinden • Stecklingsvermehrung der Tomaten (Zehrtriebe abnehmen) • Stecklingsvermehrung von Basilikum • Die versamten Pflanzen trocken lassen, Samen sammeln • Eventuell noch Kartoffeln drinnen für eine zweite Pflanzung im Juli keimen lassen

		JULI	AUGUST	SEPTEMBER
SAAT	UNTER SCHUTZHAUBEN, IN TÖPFCHEN MIT MINIGEWÄCHSHAUS ODER ÜBERWINTERUNGSFOLIE	Bohnen, Borretsch, Buchweizen, Chinakohl, Feldsalat, Fenchel, Grüner Salat, Kohl, Mizuna, Mibuna, Komatsuna, Pak Choi, Petersilie, Phazelie, Sommersalat, Zichoriensalate	Buchweizen, China-Kohlsorten, Feldsalat, Garten-Kresse, Grüner Salat, Herbstsalat, Kerbel, Kohl, Lauchzwiebeln (Sorte 'Ishikura'), Mizuna, Mibuna, Komatsuna, Petersilie, Phazelie, Rucola, Schnittlauch, Speiserübchen, Spinat, Weiße Zwiebeln, Winterrettich, Zichoriensalate	Blattsalat, Chinesische Kohlsorten, Feldsalat, Garten-Kresse, Herbst- und Wintersalate, Kerbel, Kohl, Koriander, Lauchzwiebel (Sorte 'Ishikura'), Mangold, Mizuna, Mibuna, Komatsuna, Petersilie, Phazelie, Rucola, Schnittknoblauch, Schnittlauch, Spinat, Weiße Zwiebeln, Zichoriensalate
	DIREKT IN KULTURBEHÄLTER	Kohlrabi, Möhre, Radieschen, Winterrettich	Möhren (Sorte 'Pariser Markt'), Radieschen, Speiserüben, Winterrettich	Möhren (Sorte 'Pariser Markt'), Speiserüben, Winterrettich
PFLANZUNG	DIREKT IN DIE ERDE (KÜBEL)	Zweite Kartoffelpflanzung		
	WAS ICH IN KÜBEL AUSPFLANZE	Steckling von Tomaten (idealerweise in der ersten Monatshälfte), Basilikumstecklinge, Grüner Salat, Gurke, Kohl, Zichoriensalate, Zucchini	• Erdbeeren • Umtopfen, sobald eine freie Stelle in den Anbaukübeln entsteht • Die in Anzuchttöpfchen gesäten Pflänzchen je nach Entwicklung	• Erdbeeren • Umtopfen, pikieren
WEITERE AUFGABEN IN DIESEM MONAT		• Mulchen • Flächenkompostierung • Tomaten abstützen, anbinden • Bewässerung beachten (Sommerhitze) • Die Samenträger trocknen lassen • Samen ernten • Umtopfen/vereinzeln	• Erdbeeren-Ableger nehmen und neue Pflänzchen bewurzeln • Erdbeeren pflanzen • Mulchen • Flächenkompostierung • Bewässerung überwachen • Die Samenträger trocknen lassen • Samen ernten • Umtopfen/vereinzeln	• Erdbeeren-Ableger nehmen und neue Pflänzchen bewurzeln • Erdbeeren pflanzen • Mulchen • Flächenkompostierung • Die Samenträger trocknen lassen • Samen ernten • Umtopfen/vereinzeln

OKTOBER	NOVEMBER	DEZEMBER
Chinakohl, Kohl, Mizuna, Mibuna, Komatsuna, Rucola, Schnittknoblauch, Schnittlauch, Spinat, Wintersalat		
Bohnen, Erbsen, Speiserüben, Winterrettich	Bohnen, Erbsen	
Blumenzwiebeln von Frühlingsblühern (Tulpe, Narzisse, Krokus), Knoblauch (Zehen), Zwiebeln (wenn Brutzwiebelchen), Schalotten (wenn Brutzwiebelchen)		
• Erdbeeren • Umtopfen, pikieren	• Pflanzen setzen/pikieren	
• Mulchen • Flächenkompostierung • Die Samenträger trocknen lassen • Samen ernten • Bewässerungstöpfe (Oyas) herausnehmen • Überwinterung von Gemüsepaprika, Pfeffer und Physalis	• Mulchen • Flächenkompostierung • Kälteempfindliche Zwiebeln/Knollen zum Überwintern Austopfen (Dahlien) • Vögel füttern • Bilanz des Anbaujahres • Erfolge - Verbesserungsmöglichkeiten • Frostempfindliche Terrakotta Töpfe hereinholen oder schützend bedecken	• Mulchen • Flächenkompostierung • Bilanz des Anbaujahres • Vorbereitung des Kulturplans für das kommende Jahr • Inventarisierung und Überprüfung der Samen • Einkaufsliste Saatgut • Selbst angebaute, getrocknete Früchte auspulen • Kulturen bei Kälte mit Überwinterungsvlies/-folie bedecken • Vögel füttern

Ampfer – *Rumex*

Ich säe den Ampfer breitwürfig in Töpfe oder in Reihen in eine Schale. Dann bedecke ich die Saat ganz dünn mit gesiebter Pflanzenerde und halte die Erde feucht, bis der Ampfer keimt. Im Stadium von 2 Blättchen pikiere ich die Pflänzchen in einzelne Töpfe und mit 4–5 Blättern pflanze ich sie in den Gemüsegarten aus.

ANBAUPLAN

FAMILIE: Polygonaceae

ARTEN: Sauerampfer (*Rumex acetosa*) ‘Großer aus Belleville’, Blut-Ampfer (*Rumex sanguineus*)

	J	F	M	A	M	J	J	A	S	O	N	D
AUSSAAT			■	■	■	■						
PFLANZUNG				■	■	■	■					
ERNTE					■	■	■	■	■			

AUSSAAT · PFLANZUNG · ERNTE

Aubergine – *Solana*

Auf meinem Wunschzettel von Sorten, die ich ausprobieren möchte, stehen auch noch Sorten, die traubenförmige Fruchtstände haben und sich besonders gut für die Topfkultur eignen, wie 'Little Fingers', 'Pusa Purple Cluster' oder auch 'Slim Jim'.

Die Aubergine gehört zu den ersten Kulturen, mit denen ich Anfang Februar beginne, weil sie sehr langsam wächst. Ich säe 3–4 Samen pro Anzuchttopf und stelle die Töpfe danach in die Nähe der Heizung oder darauf, da die Aubergine erst bei Temperaturen über 20 °C keimt. Wenn das erste richtige Blattpaar erscheint, vereinzele ich die Pflänzchen in je einen eigenen Topf. Zwei Wochen vor der Auspflanzung auf den Balkon beginne ich mit der Abhärtung der Pflanzen, indem ich sie immer länger nach draußen stelle, erst nur einige Minuten, dann einige Stunden. Nach den Eisheiligen pflanze ich sie aus.

ANBAUPLAN

FAMILIE: Solanaceae

SORTEN: 'Blanche Ronde à Œufs', 'Applegreen'

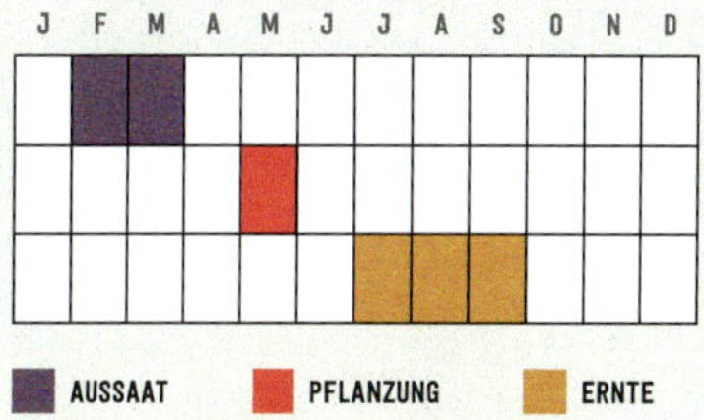

Basilikum – *Ocimum*

Ich säe Basilikum in den ersten Apriltagen im Warmen oder manchmal, wie im besonders milden Frühjahr 2020, auch schon in der zweiten Märzhälfte. Im Zweiblatt-Stadium topfe ich erstmals um und nochmals nach den Eisheiligen. Dann erhalten die Pflanzen ihren Platz in Gemeinschaft mit den Tomaten. Während des Sommers vermehre ich meinen Basilikum durch Stecklinge. Ich nehme etwa 8 cm lange Triebe ab, die ich bis auf 2 oder 3 Blätter an der Spitze entlaube. Sie werden auf der Fensterbank ins Wasser gestellt und innerhalb weniger Tagen bilden sich neue Wurzeln. Die Stecklinge pflanze ich ein, sobald die Wurzeln gut entwickelt sind.

ANBAUPLAN

FAMILIE: Lamiaceae

SORTEN: 'Genovese', Zitronen-Basilikum 'Mrs Burns', 'Aromatto', Thai-Basilikum 'Siam Queen', 'Cannelle', 'Purple Ruffles', 'Osmin', 'Sweet Dani', 'Grand Vert'

	J	F	M	A	M	J	J	A	S	O	N	D
AUSSAAT				■	■	■						
PFLANZUNG					■	■	■					
ERNTE						■	■	■	■			

Bohnen – *Phaseolus* (Busch- und Stangenbohnen)

Bohnenanbau geht einfach und schnell. In einem kleinen Gemüsegarten haben die Stangenbohnen den Vorteil, dass man sie an den Stützen nach oben zieht, so dass sie wenig Platz am Boden benötigen.
Bohnen sind kälte- und frostempfindlich. Ich säe sie ab Mitte Mai direkt in den Anbaukübel, jeweils zu 5 Samen pro Pflanzstelle im Abstand von 20 cm, nachdem ich die Samen vorher 12 Stunden eingeweicht habe. Ich bedecke die Samen mit Erde, drücke sie fest und gieße.
Etwa 2 Wochen nach dem Auflaufen häufele ich die Pflanzen an. Stangenbohnen bilden mit Mais und den Cucurbitaceae eine erprobte Pflanzengemeinschaft: die Milpa, die so schon in Lateinamerika angebaut wurde. Um eine Milpa anzulegen, pflanzt man Mais. Sobald er 30–40 cm hoch ist, sät man um den Mais ein paar Stangenbohnen. Zum Schluss pflanzt man eine Zucchinipflanze dazu. Kürbis oder Zucchini halten den Boden um den Mais feucht, der Mais ist die Stütze der Stangenbohnen, die ihrerseits den Boden düngen. Eine derartige Pflanzengemeinschaft könnte im kleinen Gemüsegärtchen interessant sein, weil damit die Nutzfläche optimiert wird.

ANBAUPLAN

FAMILIE: Fabaceae
WISS. NAME: *Phaseolus vulgaris*
BUSCHBOHNEN-SORTEN: 'Rocbrun', 'Purple Teepee', 'Cupidon';
STANGENBOHNEN-SORTEN: 'Blauhilde', 'Borlotto à Rames', 'Red Noodle', 'Beurre de l'Oncle Christian', 'La Vigneronne', 'Goldfield', 'Coco de la Meuse'

Die Feuer-Bohne (*Phaseolus coccineus*) wird vor allem als Zierpflanze angebaut, ist aber auch essbar.
Die Spargelbohnen- oder Spaghettibohnen-Sorte 'Tapir' gehört botanisch zu einer anderen Gattung (*Vigna unguiculata* subsp. *sesquipedalis*).

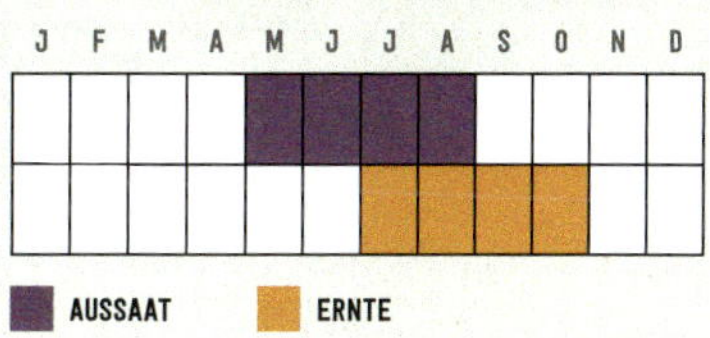

Borretsch – *Borago*

ANBAUPLAN

FAMILIE: Boraginaceae

ART UND SORTE: Borretsch (*Borago officinalis*) blüht blau, 'Alba' ist eine seltenere, weiße Sorte

	J	F	M	A	M	J	J	A	S	O	N	D
AUSSAAT				■	■	■	■	■				
PFLANZUNG					■	■	■	■	■			
BLÜTE						■	■	■	■	■		

Borretsch, auch Gurkenkraut genannt, ist eine Nektar produzierende Pflanze, deren Anbau leicht gelingt. Man sät sie einmal aus und hat sie für immer, weil sie sich spontan vermehrt. Ihr Vegetationszyklus ist relativ kurz und man kann durchaus drei Generationen pro Jahr beobachten.
Ich säe den Borretsch nicht mehr aus, weil mir die von selbst aufgelaufenen Pflänzchen genügen, die ich nur an den gewünschten Platz in meinen Kulturkübeln umpflanze oder in Anzuchttöpfe, um sie zu verschenken.
Gesät wird Borretsch von April bis Juni, in Töpfen draußen oder direkt ins Beet.

Dicke Bohne – *Vicia*

Auf meiner Wunschliste stehen außerdem die Sorten 'Karmazyn' und 'Crimson Flowered' zum Ausprobieren.

Dicke Bohnen (auch Sau-Bohnen oder Puff-Bohnen genannt) sind wohlschmeckende Leguminosen, deren Geschmack ich beim Anbau entdeckt habe.

Nach jahrelangen Versuchen habe ich festgestellt, dass die beste Aussaatzeit für eine Ernte im Mai auf den Oktober, spätestens aber die ersten Novembertage fällt. Die Bohnen machen mit quasi perfektem Timing Platz für die Tomaten.

Je nach geografischer Lage und den Witterungsbedingungen können Sie Bohnen auch im Frühling ab der zweiten Februarhälfte bis in den April hinein aussäen.

Ich säe in Reihen von 30–40 cm Abstand und lege alle 5 cm eine Bohne in 1 cm Tiefe. Ich drücke die Erde fest und gieße dann.

Wenn die Bohnen etwa 15 cm hoch aufgewachsen sind, häufele ich die Pflanzen an. Anhäufeln heißt, die Erde zusammenzuschieben und um den Stängel herum einen kleinen Haufen zu bilden. Das dient als Schutz und zur Standfestigkeit. Bei den Tomaten entstehen dann entlang des Stämmchens neue Wurzeln.

Anstelle von Haufen kann man auch Pflanzenstäbe an den vier Ecken der Kultur in die Erde stecken und diese mit Schnur verbinden. Die Bohnen wachsen dann daran empor. Dicke Bohnen sind anfällig für Blattläuse. Sät man im Frühling Dill zu den Bohnen, dann hält er die Läuse fern.

ANBAUPLAN

FAMILIE: Fabaceae
SORTEN: 'D'Aguadulce', 'Red Epicure', 'Précoce à Grains Violets'

	J	F	M	A	M	J	J	A	S	O	N	D
AUSSAAT		■	■							■	■	
ERNTE					■	■	■					

Duftnessel – *Agastache*

Ich bin eine große Liebhaberin dieser dekorativen, aromatischen, nektarreichen Pflanze, deren Blätter ein feines Anisaroma verströmen und auch so schmecken. Ich säe die Duftnessel im warmen Zimmer in einer Schale aus. Die Samen werden kaum bedeckt, weil sie ein Lichtkeimer ist. Sobald die Sämlinge die ersten richtigen Blätter getrieben haben, pikiere ich sie vorläufig in einzelne Töpfchen. Mitte Mai, nach den Eisheiligen, pflanze ich sie an den ihnen zugedachten Platz aus.

ANBAUPLAN

FAMILIE: Lamiaceae

WISS. NAME: *Agastache rugosa*

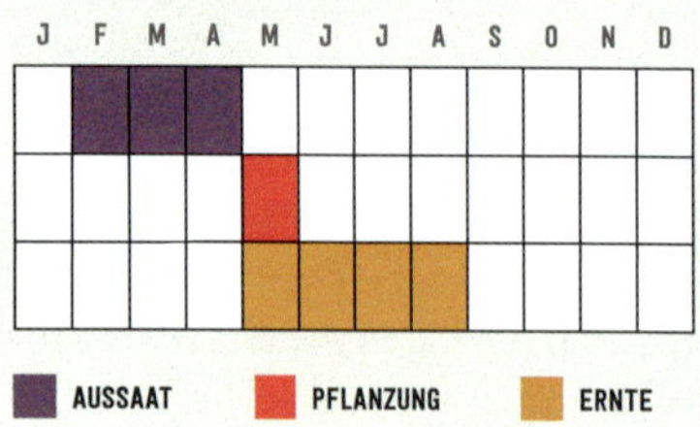

Erbsen – *Pisum*

Erbsen sind einfach zu säen. Um meinen Anbau zu optimieren säe ich bevorzugt im Oktober, spätestens Anfang November hoch rankende Sorten, die ich im Mai unmittelbar vor dem Auspflanzen der Tomaten ernten kann – wie bei den Bohnen. Ich weiche die Samen 12 Stunden in Wasser ein. In der Zwischenzeit bereite ich die Tipis zum Emporranken vor, sofern sie nicht schon in den Kübeln stehen. An jeder Rankhilfe lege ich 5 Samen aus.
Seit 2014 baue ich jedes Jahr die glatte, runde Kapuzinererbse an. Sie besitzt ein besonderes Merkmal – die violetten Hülsen, die man bei der Ernte zwischen den grünen Blättern gut sieht. Seit 2019 baue ich auch die Mangetout-Sorte 'Héraut' an, eine frühe Zuckererbsen-Sorte mit zarten Hülsen ohne Fäden.

ANBAUPLAN

FAMILIE: Fabaceae
SORTEN: Kapuzinererbse (Schalerbse) 'Blauwschokker'; Zuckererbsen 'Widderhorn' und 'Héraut'

	J	F	M	A	M	J	J	A	S	O	N	D
AUSSAAT		■	■	■						■	■	
ERNTE					■	■	■					

Grüner Salat

Grüner Salat kann das ganze Jahr hindurch angebaut werden, sofern man auf angepasste Sorten zurückgreift. Ich eröffne die Gartensaison mit den Frühjahrssalaten Ende Februar/Anfang März, dann kommt Sommersalat im Mai, die Herbst- und Wintersalate säe ich im August. Ganzjährige Schnittsalate säe ich ebenfalls aus – sowohl breitwürfig als auch in Reihen, in Töpfchen oder Anzuchtschalen – ich achte aber auf die Abstände, damit die Pflänzchen genug Platz zum Wachsen haben. Über die Samen verteile ich eine sehr feine Schicht Pflanzenerde und halte die Erde bis zum Auflaufen feucht. Im Zweiblatt-Stadium vereinzele ich die Pflänzchen in Töpfe oder in die vorgesehenen Kulturkübel, wobei man darauf achten muss, die Basis der Blattspreiten nicht mit Erde zu bedecken. Ich „frisiere“ die Blätter etwas, das heißt ich kürze sie etwas ein, damit die Pflanzen besser anwachsen. Danach sollte man reichlich gießen.

ANBAUPLAN

FAMILIE: Asteraceae

SORTEN: 'Maikönig', 'Wunder von Stuttgart', 'Blutstropfen', 'Merveille des 4 Saisons' und 'Pommée Express' (Kopfsalate); 'Radichetta', 'Redina' und 'Venezianer' (Schnitt- und Pflücksalate); 'Reine des Glaces' (Eisbergsalat); 'Dubya Dapple Density' und 'Oreilles du Diable' (Romanasalate); 'Jester' und 'Carmen' (Bataviasalate); 'Feuille de Chêne Rouge' (Eichenlaubsalat)

	J	F	M	A	M	J	J	A	S	O	N	D
AUSSAAT			■	■	■	■						
BLÜTE				■	■	■	■	■	■	■		

■ AUSSAAT ■ BLÜTE

Gurke – *Cucumis*

Auf meiner Wunschliste der zu testenden Sorten stehen noch die Gurken-Sorte 'Tanja' und die Gurkenmelone (Armenische Gurke).
Ich säe Gurken etwa Ende April bis Anfang Mai drinnen in Anzuchttöpfe, in die ich je einen Samen stecke. Ich pikiere sie, wenn sie 2–3 echte Blätter haben, in die Kulturkübel auf dem Balkon, wobei ich vorher Kompost oder reifen Mist zugebe. Die Gurken ziehe ich an einem dreibeinigen Rankgestell in Tipi-Form. Zwischen den Stangen spanne ich Schnüre von unten nach oben. Die Gurken halten sich mit ihren spiralförmigen Ranken beim Wachsen an der Schnur fest.

ANBAUPLAN

FAMILIE: Cucurbitaceae
SORTE: 'Kaiser Alexander'

	J	F	M	A	M	J	J	A	S	O	N	D
AUSSAAT				■	■	■	■					
PFLANZUNG					■	■	■					
ERNTE							■	■	■			

Haarblume – *Melothria*

Diese Pflanze ist auf kleinen Anbauflächen eine ideale Alternative zur Gurke. Die Staude kommt ursprünglich aus den Tropen und man kann sie in gemäßigtem Klima als Einjährige anbauen. Sie trägt hübsche längliche Früchte in dunklem Grün mit weißer Panaschierung. Ich säe sie ab der zweiten Aprilhälfte im Warmen aus, als Horstsaat von 3 Kernen pro Topf. Sobald die Pflänzchen das Stadium von 3–4 Blättern erreicht haben, pflanze ich sie an den Balkonstandort aus. Ich ziehe meine Kulturen an Stützen. Beim Wachsen entwickelt die Pflanze Ranken. Nötigenfalls helfe ich am Anfang ein wenig nach und binde die Triebe locker an, ohne sie zu beschädigen.

ANBAUPLAN

FAMILIE: Cucurbitaceae

WISS. NAME: *Melothria scabra* (auch *Zehneria scabra*)

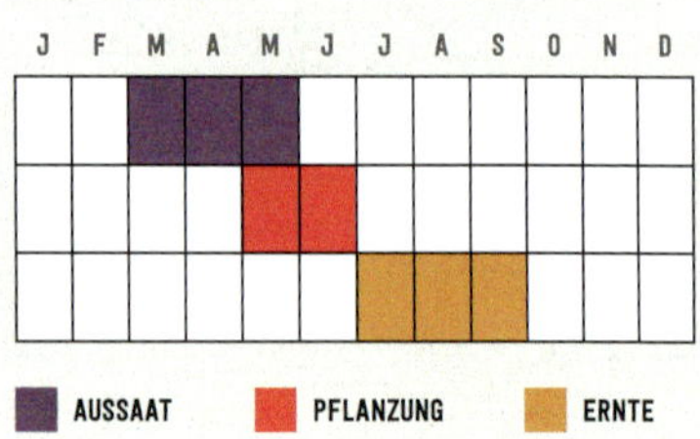

Kartoffel – *Solanum*

Ab Januar/Februar kaufe ich die ersten Bio-Kartoffeln im Lebensmittelladen. Sie sind nicht mit Mitteln behandelt, die das Keimen verhindern. Zuhause lege ich sie in einen hellen, kühlen Raum, damit die Knollen kleine Keime entwickeln.
Mit Blick auf die Wettervorhersage pflanze ich sie ab März aus, wenn das Frühjahr mild ist – so wie im Jahr 2020. Andernfalls warte ich bis April und notfalls verwende ich die für meinen Verzehr gedachten Kartoffeln, um sie vorkeimen zu lassen.
Ich nutze die leeren Säcke der Pflanzenerde für die Kartoffelkultur. In den Boden bohre ich mit einer Gabel einige Löcher, damit das Wasser abfließen kann. Ich rolle den oberen Rand etwas ein und befülle den Sack danach mit Pflanzenerde, die ich mit Kompost oder reifem Mist anreichere. Ich lege 3 Kartoffeln ein, deren Keime nach oben schauen, bedecke alles mit einer Schicht Pflanzenerde und wässere dann. Wenn die Pflanzen etwa 20 cm hoch sind, häufele ich sie an. Dazu entrolle ich den Sack ein Stück und fülle Erde dazu. Auf diese Weise kann ich ein- oder zweimal anhäufeln. Drei Monate nach der Pflanzung wird geerntet.

ANBAUPLAN

FAMILIE: Solanaceae
SORTEN: 'Bleue de la Manche' (auch bekannt als 'Bleue d'Artois'), 'Ditta', 'Charlotte'

	J	F	M	A	M	J	J	A	S	O	N	D
VORKEIMEN		■	■			■						
PFLANZUNG			■	■			■					
ERNTE						■				■		

VORKEIMEN PFLANZUNG ERNTE

Kerbel – *Anthriscus*

Ich säe gestaffelt alle 3–4 Wochen zwischen April und Oktober, weil Kerbel rasch schießt. Damit die Pflanzen nicht zu schnell Samen bilden, muss man immer auf ausreichende Bodenfeuchte achten. Ich säe nur geringe Mengen breitwürfig vor Ort oder in Töpfen, wobei man auf genügend Abstand achten muss. Darüber verteile ich eine feine Schicht Komposterde, drücke sie an und gieße. Bis zum Auflaufen halte ich die Erde feucht. Die in Töpfen gesäten Pflänzchen versetze ich nach Erreichen des Vierblatt-Stadiums komplett mit der Erde an den geplanten Platz, bevorzugt schattig. Ich ernte nach 5–6 Wochen des Wachstums.

ANBAUPLAN

FAMILIE: Apiaceae

WISS. NAME: *Anthriscus cerefolium* (Echter Kerbel), *Anthriscus cerefolium* var. *crispus* (Krauser Kerbel)

	J	F	M	A	M	J	J	A	S	O	N	D
AUSSAAT			■	■	■	■	■	■	■	■		
ERNTE				■	■	■	■	■	■	■	■	

■ AUSSAAT ■ ERNTE

Knoblauch – *Allium*

Eine Knoblauch-Zwiebel besteht aus mehreren Zehen. Aus jeder Zehe kann man entweder innerhalb von 3 Monaten ein Pflänzchen ziehen, bei dem sich die Zwiebel noch nicht gebildet hat, oder die Pflanze wächst völlig aus bis zur Bildung der Zwiebel. Ich kaufe meinen weißen Knoblauch im Bio-Lebensmittelladen. Dafür suche ich besonders große, geschlossene, gesunde Zwiebeln aus, die schöne Zehen haben. Dann verwende ich ausschließlich die großen äußeren Zehen, die ertragreicher sind als die kleinen in der Mitte.
Den Knoblauch baue ich in normalen Balkonkästen an, weil er keine besonders starken Wurzeln entwickelt. Ich stecke die Zehen in einer Reihe im Abstand von 10 cm etwa 3–4 cm tief in die Erde und lasse die Spitze leicht herausschauen. Violetten und weißen Knoblauch kann man im November und Dezember setzen, der rosafarbene ist nur für die Frühlingskultur vorgesehen.
Herbstregen und andauernde Feuchtigkeit sparen zwar das Bewässern, ich achte aber darauf, dass die Kultur nicht zu nass steht, weil ein Zuviel an Wasser zu Fäulnis führen kann.
Ich ernte die Knoblauchpflanzen im Frühling oder die Zwiebel zu Beginn des Sommers, wenn das Laub vertrocknet ist. Dann lasse ich den Knoblauch bei trockenem Wetter einige Tage abtrocknen, bevor ich ihn in ein kühles, luftiges Zimmer hänge.

ANBAUPLAN

FAMILIE: Alliaceae

SORTEN: 'Blanc de la Drôme', 'Messidrome' und 'Thermidrome' (weiße Knoblauch-Sorten), 'Violet de Cadours' (violetter Knoblauch), 'Rose de Lautrec' (rosa Knoblauch)

	J	F	M	A	M	J	J	A	S	O	N	D
PFLANZUNG	■	■	■							■	■	■
ERNTE		■	■			■	■					

Kohl und Asiasalate

Auf meinem Wunschzettel steht noch der Palmkohl 'Dazzling Blue' zum Ausprobieren.

Ich bevorzuge die Kohlsorten für die Blatternte wie Grünkohl, Chinakohl und die Japanischen Senfkohl-, Blattsenf- und Senfspinat-Sorten, weil sie im Beet weniger Platz brauchen. Gelegentlich lasse ich mich aber auch von Kopfkohl, Brokkoli oder Romanesco verführen. In diesen Fällen kann ich wegen der geringen Anbaufläche nur eine Pflanze im Herbst und Winter anbauen. Ich säe die Kohlarten in Anzuchttöpfe oder -schalen zu den jeweils empfohlenen Saatzeitpunkten. Dann vereinzele ich die Pflänzchen, wenn sie 2 Blätter haben, in eigene Töpfe und schließlich pflanze ich sie an Ort und Stelle, sobald sie üppig gewachsen sind.

ANBAUPLAN

FAMILIE: Brassicaceae

SORTEN: 'Lacinato Rainbow', 'Old Growth Palm', 'Red Ursa' und 'Westländer Winter' (Grünkohl); 'Noir de Toscane' (Palmkohl); 'Précoce de Louviers' (Kopfkohl, Spitzkohl); 'Romanesco' und 'Purple Cape' (Blumenkohl); 'Early Purple Sprouting' und 'Early Green' (Brokkoli); 'Pak Choï de Shanghai' (Chinakohl); 'Tah Tsai' (Rosetten-Pak-Choi); 'Superschmelz' (Kohlrabi); 'Mizuna' und 'Mizuna Purple' (Japanischer Senfkohl); 'Mibuna' und 'Osaka Purple' (Japanischer Blattsenf); 'Komatsuna' (Japanischer Senfspinat)

	J	F	M	A	M	J	J	A	S	O	N	D
AUSSAAT		■	■	■	■	■	■	■	■	■		
ERNTE	■	■	■	■	■	■	■	■	■	■	■	■

Koriander – *Coriandrum*

Ich säe Koriander häufig aus, weil er schnell schießt. Ab März säe ich ihn erst in der Wärme in Töpfchen, im April draußen unter Kälteschutz und schließlich ab Mai im Freiland. Ich säe breitwürfig etwa 1 cm tief und ich achte etwas auf Abstand.
Die Sämlinge in den Töpfen werden in den Kulturkübel pikiert, wenn sie 2–3 Blätter haben. Ich ernte regelmäßig, damit die Pflanze weiter reichlich Blätter treibt. In der Nähe von Möhren ausgesät kann Koriander die Möhrenfliege vom Wurzelgemüse fernhalten.

ANBAUPLAN

FAMILIE: Apiaceae
SORTEN: 'Santo', 'Pokey Joe'

	J	F	M	A	M	J	J	A	S	O	N	D
AUSSAAT				x	x				x	x	x	
ERNTE					x	x	x	x	x	x	x	

Garten-Kresse – *Lepidium*

Auch wenn man jederzeit zwischen März und September Kresse säen könnte, bevorzuge ich eine Aussaat im Frühling und eine im September, direkt ins Kulturbeet. Im Juli und August habe ich „Kresse-Pause".
Mangels Platz im Gemüsegarten bin ich manchmal gezwungen, die Kresse in Anzuchttöpfen auf dem Balkon zu ziehen und später umzusetzen. Kresse wächst sehr schnell, weshalb man schon 3 Wochen nach der Saat junge Blätter ernten kann. Ich hebe gerne einige Blätter als Zutat für gemischten Salat auf.

ANBAUPLAN

FAMILIE: Brassicaceae

ART UND SORTE: Garten-Kresse (*Lepidium sativum*), Garten-Kresse-Sorte 'Cresson de Perse'

	J	F	M	A	M	J	J	A	S	O	N	D
AUSSAAT			■	■	■	■	■	■	■			
ERNTE				■	■	■	■	■	■	■		

AUSSAAT ERNTE

Lauch – *Allium*

Ich säe bei Lauch vor allem die Wintersorten im zeitigen Frühjahr in Töpfen oder Schalen aus, breitwürfig oder in Reihensaat. Es gibt aber auch Sommerlauch, z. B. ‘Gros Long d’Été’. Ich pflanze die Jungpflanzen in den Kulturkübel aus, sobald sie die Länge und Dicke eines Bleistifts erreicht haben. Dabei kürze ich die Blätter und Wurzeln ein Stück ein.

ANBAUPLAN

FAMILIE: Alliaceae

SORTEN: ‘De Gennevilliers’, ‘Armor’, ‘De Carentan’

	J	F	M	A	M	J	J	A	S	O	N	D
AUSSAAT			■	■								
PFLANZUNG					■							
ERNTE	■	■						■	■	■	■	■

Mais – *Zea*

Ich säe die Maiskörner in Töpfe oder reihenweise in eine Schale. Bei 15–20 cm Höhe topfe ich die Pflanzen in das Kulturbeet aus.

ANBAUPLAN

FAMILIE: Poaceae

SORTEN: ‘Glass Gem’, ‘Golden Bantam’; ‘Maïs Fraise’ (Erdbeermais)

	J	F	M	A	M	J	J	A	S	O	N	D
AUSSAAT				■	■	■						
PFLANZUNG					■	■						
ERNTE							■	■	■	■		

Garten-Melde – *Atriplex*

Ich baue die Rote Melde an, deren Blatt sowohl dekorativ als auch essbar ist, und zwar ab März in Anzuchttöpfen und draußen. Die Samen werden kaum mit Erde bedeckt, weil Melde ein Lichtkeimer ist. Nachdem die Pflanzen die beiden ersten richtigen Blätter entwickelt haben, pflanze ich sie in die Kulturbehälter aus. Sobald sie 30 cm hoch gewachsen sind, knipse ich mit Daumen- und Zeigefingernagel die Spitzen ab, damit ein buschiger Wuchs mit Verzweigungen entsteht. Der Anbau von Melde ist wirklich einfach und als hitzetolerantes Gemüse ersetzt Melde im Sommer leicht den Spinat.

ANBAUPLAN

FAMILIE: Chenopodiaceae

UNTERARTEN: Rote, Weiße und Grüne Melde

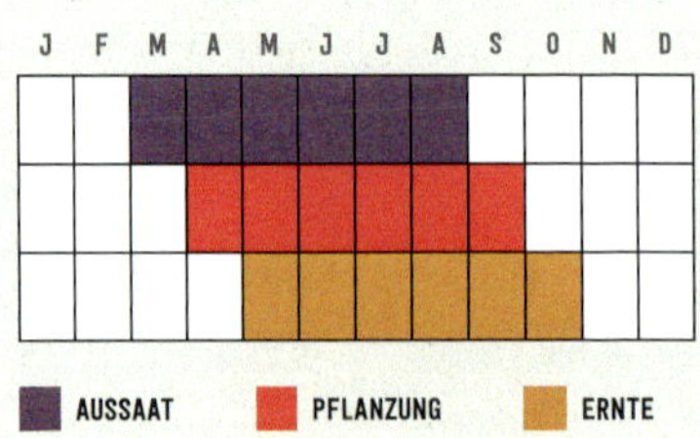

Möhre – *Daucus*

Ich säe als Reihensaat an Ort und Stelle in die Pflanzgefäße, wobei ich 20–25 cm Abstand zwischen den Rillen lasse. Möhrensamen sind sehr fein und ich achte darauf, dass ich nicht zu viele auslege: einen Samen etwa alle 3 cm. Ich bedecke sie mit einer dünnen Lage Pflanzenerde, drücke sie an und wässere sehr vorsichtig. Möhren keimen sehr langsam, etwa nach 3 Wochen, und die Erde muss immer feucht sein. Um die Feuchtigkeit zu halten, lege ich eine dünne Pappe auf die Saat. Täglich sehe ich nach und wenn die Möhren zu sprießen beginnen, entferne ich den Karton. Ich dünne die Reihen aus und lasse nur alle 6–8 cm eine Möhrenpflanze stehen. Frühe Sorten wie 'Pariser Markt' kann man ab Februar unter Überwinterungsvlies oder Folie aussäen und dazu fein gesiebte Erde ohne Steine verwenden, damit die Pflänzchen nicht im Wachstum behindert werden. Ich baue die Möhren zusammen mit Lauch an, weil beide Pflanzen einander gegen die Möhren- bzw. Lauchfliege helfen.

ANBAUPLAN

FAMILIE: Apiaceae
SORTEN: 'Pariser Markt', 'Blanche des Vosges', 'Cosmic Purple', 'Rouge Sang', 'Jaune du Doubs', 'Blanche de Kuttingen', 'Gniff', 'Nantaise'

	J	F	M	A	M	J	J	A	S	O	N	D
AUSSAAT		■	■	■	■	■	■	■	■			
ERNTE							■	■	■	■	■	■

Mohn – *Papaver*

Ich säe den Mohn breitwürfig mit Abstand im März/April mit Kälteschutz. Der Samen wird dünn mit Erde bedeckt, angedrückt und gewässert, bevorzugt von unten. Ich halte die Erde bis zum Auflaufen feucht und verpflanze dann den gesamten Ballen ohne auszudünnen ins Gemüsebeet.

ANBAUPLAN

FAMILIE: Papaveraceae
SORTE: 'Lauren's Grape'

	J	F	M	A	M	J	J	A	S	O	N	D
AUSSAAT			X	X	X	X						
PFLANZUNG				X	X	X						
BLÜTE					X	X	X	X	X			

Gemüse- und Gewürzpaprika

Capsicum

Ab Februar bis in den März säe ich Paprikasamen in Anzuchttöpfe oder -Schalen im Warmen. Ich stelle die Behälter in die Nähe oder auf eine Heizung, um das Keimen zu unterstützen, denn Gemüse- und Gewürzpaprika benötigen Wärme zum Keimen.
Im Zweiblatt-Stadium pikiere ich die Sämlinge in einzelne Töpfe. 14 Tage vor dem Auspflanzen in die Anbaukübel im Freiland beginne ich mit dem Abhärten der Pflanzen, damit sie sich an ihre künftige Umgebung gewöhnen können.

ANBAUPLAN

FAMILIE: Solanaceae

SORTEN: 'Benxi', 'Violetta', 'Ampuis', 'Bell Pepper Chocolate'

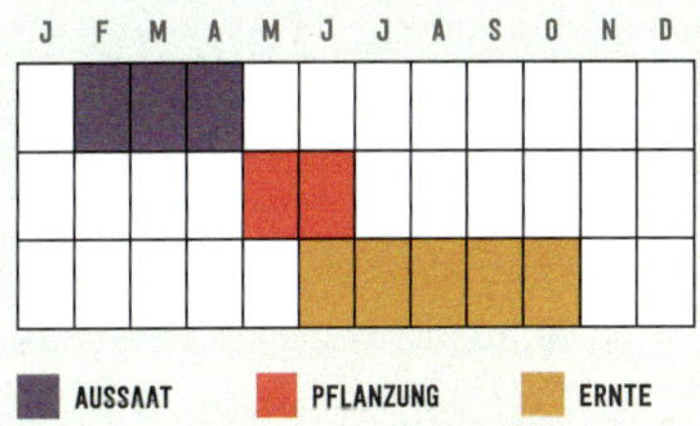

Petersilie – *Petroselinum*

Die Aussaat von Petersilie ist einfach, es kann aber etwas dauern, bis sie keimt. Um den Prozess zu beschleunigen, kann man die Samen 12–24 Stunden in Wasser einweichen und dann auf Küchenpapier zum Trocknen auslegen, damit die zusammengeklebten Klümpchen auseinanderfallen. Ich säe die Petersilie ab März draußen breitwürfig in Anzuchttöpfe oder reihenweise in Schalen mit fein gesiebter Erde.
Die Samen werden hauchdünn bedeckt, angedrückt und gewässert, nach Möglichkeit durch Kapillarkraft von unten. Ich halte den Ballen durch regelmäßiges Wässern bis zum Auflaufen feucht, was 2–3 Wochen dauern kann. Im Stadium von 4–5 Blättchen topfe ich die Pflänzchen mit dem Anzuchtballen in den Gemüsegarten aus, ohne sie auszudünnen, damit ich hübsche Sträuße bekomme.
Im Winter decke ich Überwinterungsvlies darüber, sofern Frost angekündigt ist.

ANBAUPLAN

FAMILIE: Apiaceae
SORTE: 'Gigante d'Italia'

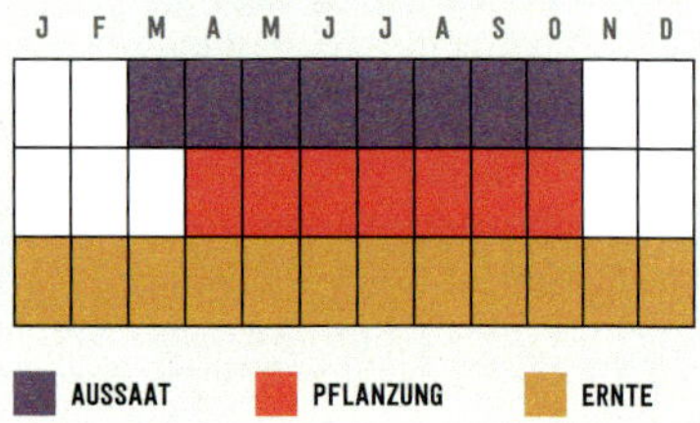

Phazelie – *Phacelia*

Die Phazelie, auch Büschelschön oder Bienenfreund, ist ein schnell wachsender Gründünger, dessen Blüten in wunderbarem Malvenblau besonders beliebt bei bestäubenden Insekten sind. Ich baue sie daher als Nektarspender an. Die Samen sind winzig und ich säe direkt breitwürfig auf der Fläche eines Pflanzkübels an. Dann kratze ich mit einer Gabel den Boden leicht an, damit die Samen einige Millimeter einsinken, drücke an und gieße vorsichtig. Ich halte die Oberfläche bis zum Auflaufen der Samen dauerhaft feucht. Die Blüte beginnt etwa 8 Wochen nach der Saat. Für eine möglichst lange Blüte säe ich zeitlich versetzt mehrfach in der Saison.

ANBAUPLAN

FAMILIE: Hydrophyllaceae

WISS. NAME: *Phacelia*

	J	F	M	A	M	J	J	A	S	O	N	D
AUSSAAT			■	■	■	■	■	■	■			
BLÜTE					■	■	■	■	■	■	■	

Prunkwinde – *Ipomoea*

ANBAUPLAN

FAMILIE: Convolvulaceae
WISS. NAME: *Ipomoea*
ARTEN UND SORTEN: *Ipomoea purpurea* 'Grandpa Ott', *Ipomoea quamoclit*, Prunkwinden-Mischung verschiedener Farben

	J	F	M	A	M	J	J	A	S	O	N	D
AUSSAAT			■	■	■	■						
BLÜTE				■	■	■	■	■	■			

Auf meiner Wunschliste steht noch die Sorte *Ipomoea purpurea* 'Knowlian Black'.

Prunkwinden sind luftige, schnell wachsende Pflanzen, die 3–5 m hoch werden können. Entweder zieht man sie an einer Treillage oder als zeitweisen Sichtschutz auf dem Balkon. Aussaat und Kultur sind einfach.

Auch wenn die Saat unter Schutz schon im März und April möglich wäre, säe ich die kälteempfindliche Pflanze bevorzugt im Mai nach den Eisheiligen direkt ins Beet. Ich weiche die Samen 12 Stunden in lauwarmem Wasser ein. Dann lege ich 3 Samen pro Pflanzstelle aus und die heranwachsenden Pflanzen werden an Stützen gezogen, manchmal in den Tomatenpflanzen.

Winterrettich – *Raphanus*

Als Fan von Speiserüben und Radieschen säte ich aus Neugier einige Samen des Winterrettichs aus, um neue Sorten zu entdecken. Darunter war der Rettich mit dem Namen 'Bleu d'Automne', eine hübsche, frühe Sorte. Ich säe ihn nun im August direkt reihenweise in den Kulturkübel, wobei ich den Abstand auf 8 cm verringere.

ANBAUPLAN

FAMILIE: Brassicaceae

SORTE: 'Bleu d'Automne'

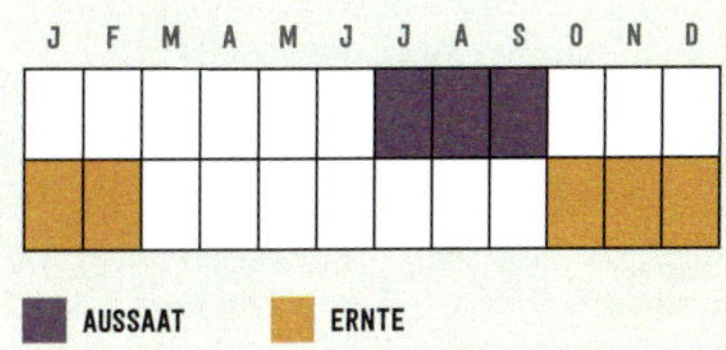

Radieschen – *Raphanus*

Auf meiner Radieschen-Wunschliste stehen auch 'Afrodyta', 'Zlata' und 'Malaga'.

Ich säe Radieschen ab März zeitlich versetzt immer wieder direkt an Ort und Stelle mit reduzierten Pflanzenabständen (4 cm). Ich gieße sehr regelmäßig, damit die Radieschen nicht so scharf werden, und ernte etwa 5–6 Wochen nach der Aussaat.

ANBAUPLAN

FAMILIE: Brassicaceae

SORTEN: 'Sora', 'Flamboyant', 'Gaudry', 'Zürcher Markt', 'Chandelle de Glace', 'Chandelle de Feu'

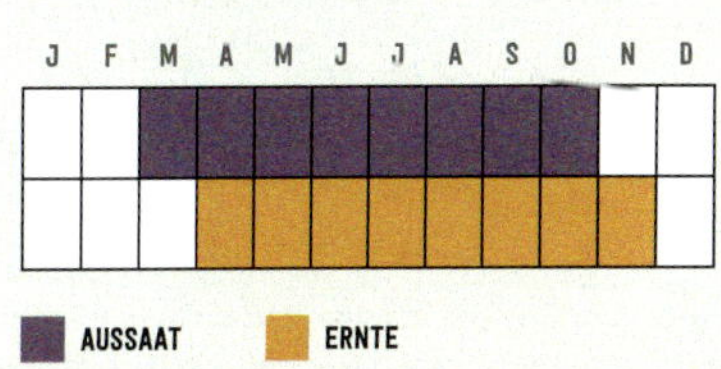

Ringelblume – *Calendula*

Mit dem Frühlingsanfang säe ich Ringelblumen direkt ins Beet oder zumindest in Töpfe aus. Die Samen werden mit Komposterde bedeckt und bis zum Keimen feucht gehalten. Ringelblumen sind im Gemüsebeet besonders willkommen, weil sie zahlreiche nützliche Bestäuber anlocken und Blattläuse auf Abstand halten. Damit sie unablässig blühen, entferne ich verwelkte Blüten. Im August lasse ich die Pflanzen bis zur Samenreife gelangen, damit sie sich vermehren.

ANBAUPLAN

FAMILIE: Asteraceae
WISS. NAME: *Calendula officinalis*

	J	F	M	A	M	J	J	A	S	O	N	D
AUSSAAT				■	■							
PFLANZUNG					■	■						
BLÜTE						■	■	■	■	■		

AUSSAAT PFLANZUNG BLÜTE

Rote Bete und Mangold – *Beta*

Rote Bete sind leicht anzubauen! Die Samen bilden ein „Knäuel“, das aus 3–4 Körnchen besteht. Das ist der Grund, weshalb aus einem „Samen“ mehrere Pflanzen aufgehen. Ich säe die Rote Bete zeitlich gestaffelt ab März in Anzuchttöpfen oder Schalen unter einer Haube aus (auf der Fensterbank oder im Mini-Gewächshaus auf dem Balkon). Sobald die beiden ersten richtigen Blätter da sind, vereinzele ich die Pflanzen auf den Abstand von 12 cm im Kulturkübel.

Rote Bete gehören zu den wenigen Wurzelgemüsen, die sich gut pikieren lassen. Man kann die Pflänzchen, die aus einem Samenpaket gewachsen sind, aber auch ungetrennt lassen und sie mit den üblichen 15 cm Abstand auspflanzen. Die Pflänzchen dürfen sich bei mir erst einmal entwickeln und später dünne ich sie aus, indem ich einige Rote-Bete-Pflanzen ernte. Die Verbliebenen haben mehr Platz und wachsen weiter.
Bei **Mangold** geht es ebenso.

ANBAUPLAN

FAMILIE: Chenopodiaceae
SORTEN (ROTE BETE): ‘Burpees Golden’, ‘Ronde de Détroit’, ‘Noire Plate d’Égypte’, ‘Bull’s Blood’, ‘MacGregor’s Favorite’, ‘Chioggia’, ‘Robuschka’

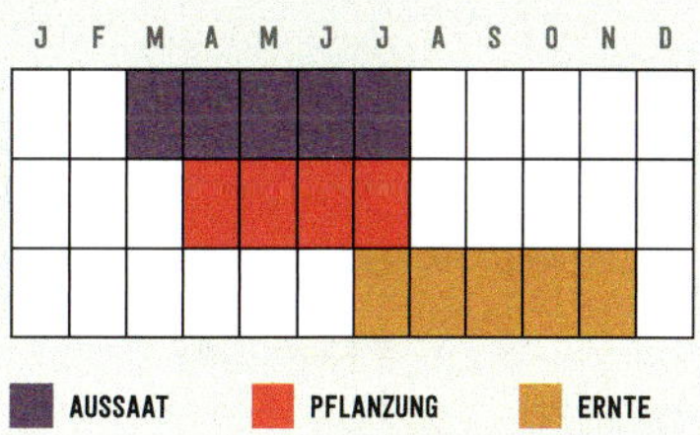

ANBAUPLAN

SORTEN (MANGOLD): ‘À Cardes Blanches’ (Weißer Stiel-Mangold), ‘À Cardes Multicolores’ (Bunter Stiel-Mangold),
‘À Cardes Rouges Feurio’ (Roter Stiel-Mangold), ‘Verte à Couper’ (Blatt-Mangold)

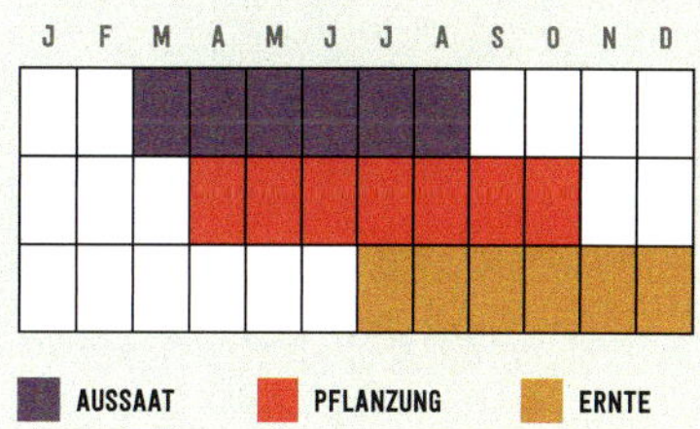

Rauke – *Rucola*

Rucola als hitzeempfindliche Art wird bei mir Ende August/Anfang September direkt in die Kübel ausgesät, sofern ich schon Platz dafür habe, andernfalls in Töpfchen. Die Samen sind winzig. Ich streue sie einfach auf die Oberfläche, harke sie mit einer Gabel minimal ein und gieße vorsichtig.
Der im Spätsommer und Frühherbst gesäte Rucola lässt sich den ganzen Herbst, Winter und Vorfrühling hindurch ernten, bevor er Blüten treibt und Samen bildet.
Die Blüten mit dem zarten Rucola-Geschmack sind übrigens essbar.

ANBAUPLAN

FAMILIE: Brassicaceae
ANDERE NAMEN: Garten-Senfrauke, Garten-Rauke.

	J	F	M	A	M	J	J	A	S	O	N	D
AUSSAAT			■	■	■	■	■	■	■			
ERNTE				■	■	■	■	■	■	■		

Schalotte – *Allium*

Ich baue Schalotten wegen ihrer essbaren grünen Sprosse an, die ich das ganze Jahr über pflanze. Man bekommt Steckzwiebelchen von Schalotten zum Einpflanzen ab Herbst bei Gemüsezüchtern (wie bei Knoblauch). Natürlich gibt es zahlreiche Sorten wie die grauen Schalotten, die als die aromatischsten gelten, zudem runde Schalotten, längliche oder lange. Die grauen Schalotten pflanzt man von Oktober bis Februar, die runden, länglichen oder langen Sorten von Februar bis April in Reihen mit Pflanzenabstand von 10 cm und Reihenabstand von ca. 30 cm. Ein Tipp, um bei der Pflanzung im Balkonkasten Platz zu gewinnen, ist die Anordnung im Fünfeck. Dabei zeigt die Spitze der Zwiebel nach oben und schaut etwas aus der Erde heraus, die Wurzeln zeigen nach unten, wie bei Knoblauch. Dann die Erde andrücken, so dass die Zwiebelchen gut von Erde umgeben sind. Nach dem Pflanzen gieße ich, sofern nicht Regen angekündigt wurde. Mein Balkon ist ja zum Himmel hin offen. Die Ernte erfolgt im Sommer, sobald die Blätter zu trocknen beginnen.

ANBAUPLAN

FAMILIE: Alliaceae

	J	F	M	A	M	J	J	A	S	O	N	D
PFLANZUNG	■	■	■	■						■	■	■
ERNTE						■	■	■				

Schnittlauch & Schnittknoblauch – *Allium*

Ich säe einige Samen locker im Abstand von etwa 1 cm in einem Topf draußen aus, damit ich ein schönes Büschel bekomme. Nach etwa 2 Monaten und bei ausreichend entwickelten Pflanzen topfe ich um. Sofern ich mehrere Pflanzen habe, setze ich sie im Abstand von etwa 30 cm. Zum Vermehren des Schnittlauchs teile ich einen Ballen. Dazu grabe ich den Ballen mit möglichst vielen Wurzeln aus, teile ihn in mehrere Teile und pflanze diese erneut ein. Ich gieße reichlich, weil die Pflanzen dann wieder besser anwachsen. Bevor ich erstmals ernte, lasse ich die Pflanzen 14 Tage in Ruhe anwachsen. Ich ernte oft, damit die Pflanzen angeregt werden, feinere Blätter zu treiben. Schnittlauch ist mehrjährig und kann daher einige Jahre im Gemüsegarten stehen.

ANBAUPLAN

FAMILIE: Alliaceae

WISS. NAME: *Allium schoenoprasum*

	J	F	M	A	M	J	J	A	S	O	N	D
AUSSAAT			■	■	■				■			
ERNTE				■	■	■	■	■	■	■		

Schnittknoblauch, auch Knoblau, ist eine hübsche, weiß blühende Staude mit leichtem Knoblaucharoma, deren Blätter etwas dicker als beim Schnittlauch sind. Anbau und Vermehrung sind identisch mit dem von Schnittlauch.
Im Unterschied zum Schnittlauch bildet der Schnittknoblauch kleine Zwiebeln, die ebenfalls essbar sind.
Ich ernte nur die Blätter. Dazu schneide ich sie an der Basis ab – sie sprießen wieder neu.

ANBAUPLAN

FAMILIE: Alliaceae

SORTE: 'Ciboule de Chine'

	J	F	M	A	M	J	J	A	S	O	N	D
AUSSAAT		■	■						■	■		
ERNTE				■	■	■	■	■	■	■	■	

Schmuckkörbchen

Cosmos

Auf der Wunschliste stehen 'Rubenza' und 'Sea Shells'. Ich liebe Schmuckkörbchen (auch Kosmeen genannt), es sind leicht zu kultivierende einjährige Blumen mit duftigem Laub und leuchtenden, farbenfrohen Blüten.
Ich säe sie mehrmals bis Juli in Anzuchttöpfen aus, locker verteilt und etwa in 1 cm Abstand, damit sich ein Tuff bilden kann. Den kleinen Ballen mit mehreren Pflanzen setze ich im Ganzen um, weil das hübscher aussieht. Verwelkte Blüten entferne ich sehr regelmäßig, damit die Pflanze neue Blüten treibt.

ANBAUPLAN

FAMILIE: Asteraceae
ARTEN UND SORTEN: *Cosmos sulphureus* mit der Sorte 'Ladybird', *Cosmos bipinnatus* mit den Sorten 'Picotee' und 'Sensation' (als Mischung)

	J	F	M	A	M	J	J	A	S	O	N	D
AUSSAAT			■	■	■	■						
BLÜTE						■	■	■	■	■		

Schwarzäugige Susanne

Thunbergia

Ab April kann man die Schwarzäugige Susanne im Warmen in Anzuchttöpfe säen oder ab Mitte Mai direkt ins Beet. Ich weiche die Samen vorab 12 Stunden in Wasser ein und stecke dann pro Pflanzloch 3 Samen. Die Pflanzen ziehe ich an einem zeltförmigen Rankgestell.

ANBAUPLAN

FAMILIE: Acanthaceae
WISS. NAME: *Thunbergia alata*

	J	F	M	A	M	J	J	A	S	O	N	D
AUSSAAT				■	■							
PFLANZUNG					■	■						
BLÜTE						■	■	■	■	■		

Sellerie – *Apium*

Auf meiner Wunschliste steht noch 'Violet de Tours', eine alte Sorte, die hübsche, violett überlaufene Stangen hat und im Jahr 2020 von verschiedenen französischen Verbänden zur Erhaltung der Nutpflanzenvielfalt wieder auf die Teller gebracht wurde.
Ich säe den Samen breitwürfig in Schalen aus und verteile wenige Millimeter fein gesiebter Erde darüber, weil die Samen sehr klein sind. Ich drücke die Erde an und gieße dann sehr vorsichtig (mit der Sprühflasche oder durch Kapillareffekt, also von unten durch Gießen in einen Untersetzer). Im Stadium von 3–4 Blättern vereinzele ich die Pflänzchen vorläufig in Töpfe und mit 6–8 Blättern kommen sie an Ort und Stelle auf den Balkon mit Abständen von 30 cm rundum.

ANBAUPLAN

FAMILIE: Apiaceae

SORTEN: Chinesischer Sellerie 'Golden Kin Tsai', Stangensellerie 'Percel'

	J	F	M	A	M	J	J	A	S	O	N	D
AUSSAAT				x	x							
PFLANZUNG					x	x	x					
ERNTE							x	x	x	x	x	

Skabiose – *Scabiosa*

Und auf meiner Wunschliste zum Ausprobieren steht die Sorte 'Black Knight'.
Ich säe die Skabiose gleich zu Beginn des Frühlings, mangels Platz in der Gemüsekultur normalerweise in Schalen mit Schutzhaube locker und vereinzelt aus. Die Samen bedecke ich dünn mit Erde, drücke sie fest und gieße sie an. Bis zum Auflaufen halte ich die Erde feucht. Dann pikiere ich die Pflänzchen, sofern sie sich gut entwickelt haben, in einzelne Töpfe, bevor ich sie schließlich im Mai in die Gemüsekästen auspflanze. Um die Blüte anzuregen, entferne ich verblühte Köpfe regelmäßig.

ANBAUPLAN

UNTERFAMILIE: Dipsacaceae
ART: *Scabiosa atropurpurea*

	J	F	M	A	M	J	J	A	S	O	N	D
AUSSAAT			■	■	■							
BLÜTE						■	■	■	■	■	■	

Sonnenblume – *Helianthus*

Ich säe die Sonnenblumen Ende April/Anfang Mai in Anzuchttöpfe oder Schalen breitwürfig oder reihenweise aus. Die Samen sollten einen ordentlichen Abstand haben.

ANBAUPLAN

FAMILIE: Asteraceae

SORTEN: 'Florenza', 'Evening Sun', 'Mongolian Giant', 'Tournesol Rouge'

	J	F	M	A	M	J	J	A	S	O	N	D
AUSSAAT				■	■							
PFLANZUNG					■	■						
BLÜTE							■	■	■			

Speiserübe – *Brassica*

Idealerweise säe ich Speiserüben an Ort und Stelle oder in Anzuchtplatten, wenn ich im Balkongemüsegarten keinen Platz habe. Pro Töpfchen lege ich 2 Samen für den Fall, dass einer von beiden nicht keimt. Ich bedecke sie mit Erde, drücke sie fest und gieße sie vorsichtig an, damit die Samen nicht wegschwimmen. Zum Auspflanzen an den endgültigen Standort entnehme ich die Mini-Ballen. Das spätere Ausdünnen sorgt bereits für eine kleine Ernte von essbaren Blättern oder Würzelchen.

ANBAUPLAN

FAMILIE: Brassicaceae

SORTEN: 'Milan à Collet Rose', 'Petrowski', 'Navet Boule d'Or', 'Navet des Vertus Marteau'

	J	F	M	A	M	J	J	A	S	O	N	D
AUSSAAT		■	■				■	■	■			
ERNTE				■	■				■	■	■	■

■ AUSSAAT ■ ERNTE

Spinat – *Spinacia*

Die Aussaat für den Frühlingsspinat kann ab Februar unter Schutz und ab März oder Anfang April im Freiland erfolgen.
Den Sommerspinat (lange Tage) sät man von Juni bis September, den Herbst-Winter-Spinat (kurze Tage) von Mitte August bis November.
Spinat reagiert empfindlich auf das Pikieren. Ich greife daher gerne auf Anzuchtplatten zurück, die ich bei einem Gartenzentrum kaufe und auf die passende Größe zuschneide, oder ich säe direkt breitwürfig. Die Anzucht mit Anzuchtplatten erlaubt es, ohne Störung der Wurzeln umzupflanzen. Ich lege bei den Platten pro Zelle zwei bis drei Samen in 1 cm Tiefe. Bei Reihensaat im Kübel säe ich ebenfalls in 1 cm Tiefe. Dabei lege ich im Abstand von 8 cm zwei Samen aus, für den Fall, dass einer nicht aufläuft.
Ich bedecke die Samen mit Erde, drücke diese fest und gieße.
Die in Anzuchtplatten gesäten Pflänzchen pikiere ich im Stadium von 2–3 Blättern, ohne sie auszudünnen, auf 8 cm Abstand. Ich ernte regelmäßig die äußeren Blätter, ohne das Herz zu beeinträchtigen.

ANBAUPLAN

FAMILIE: Chenopodiaceae
SORTEN: 'Épinard Hâtif', 'Géant d'Hiver', 'Matador', 'Monstrueux de Viroflay'

	J	F	M	A	M	J	J	A	S	O	N	D
AUSSAAT		x	x	x		x	x	x	x	x	x	
PFLANZUNG				x				x	x	x		
ERNTE				x	x	x	x	x	x	x	x	x

AUSSAAT PFLANZUNG ERNTE

Studentenblume – *Tagetes*

Ich säe die Studentenblumen in Anzuchttöpfen oder -schalen breitwürfig oder in Reihen aus. Im Stadium von 2 richtigen Blättern vereinzele ich die Pflänzchen auf einen Topf pro Pflanze. In der Gemüsekultur setze ich sie zusammen mit den Tomaten. Während des gesamten Anbauzeitraums entferne ich verwelkten Flor, damit die Pflanzen ständig weiter Blüten treiben.

ANBAUPLAN

FAMILIE: Asteraceae
SORTEN: 'Red Metamorph', 'Lemon Gem'

	J	F	M	A	M	J	J	A	S	O	N	D
AUSSAAT			■	■								
PFLANZUNG				■	■							
BLÜTE						■	■	■	■	■		

Tithonie *Tithonia*

Ich beginne ab Mitte April mit der Aussaat der Tithonie, auch Mexikanische Sonnenblume, in Anzuchttöpfe oder -schalen. Im Stadium von 2 richtigen Blättern werden die Pflänzchen vorläufig pikiert und ab Mitte Mai pflanze ich sie in die Beete aus, wenn die Frostgefahr vorüber ist und die Pflanzen etwa 15 cm hoch gewachsen sind.

ANBAUPLAN

FAMILIE: Asteraceae
SORTE: *Tithonia rotundifolia* 'Torch'

	J	F	M	A	M	J	J	A	S	O	N	D
AUSSAAT			■	■	■							
PFLANZUNG					■	■						
BLÜTE							■	■	■	■		

Tomate – *Solanum*

Ich beginne mit der ersten Aussaat im Februar im Warmen in Töpfe für die Pflanzen-Tauschbörsen der Amateurgärtner, und dann säe ich zeitlich versetzt die Tomaten für mich selbst bis Anfang April.
Sobald sie das Stadium mit 2 echten Blättern erreicht haben, pikiere ich die Pflänzchen vorläufig in Einzeltöpfe, wobei ich die Sprosse bis zu den Keimblättern in die Erde stecke. 14 Tage vor dem Auspflanzen in das Beet beginne ich mit der Abhärtung, indem ich sie erst wenige Minuten und dann immer länger hinausstelle. Ich pflanze sie ab Mitte Mai in das Gemüsebeet aus, ausnahmsweise wie im Frühling 2020 auch schon mal im April, weil es in jenem Jahr besonders mild war.

ANBAUPLAN

FAMILIE: Solanaceae
SORTEN: 'New Yorker', 'Grappe de Noël', 'Schwarzer Prinz', 'Red Robin', 'Auriga', 'Indigo Rose', 'Rainbow Siberian', 'Emalia', 'Blue Streaks', 'Zluta Kytice', 'Cerise Jaune-Vert-Caramel', 'Brad's Atomic Grape', 'Superexotica', 'Black Cherry', 'Antho Gelb', 'Green Zebra' und andere

	J	F	M	A	M	J	J	A	S	O	N	D
AUSSAAT		■	■	■								
PFLANZUNG					■	■						
ERNTE						■	■	■	■	■		

AUSSAAT PFLANZUNG ERNTE

Wunderblume – *Mirabilis*

In der zweiten Märzhälfte säe ich die Samen in Anzuchttöpfe, nachdem ich sie 12 Stunden eingeweicht habe. Bevor ich auf den Balkon auspflanze, pikiere ich die Pflanzen einmal in neue Erde. Diese schnellwüchsige Pflanze öffnet gegen Abend, zwischen 16 und 18 Uhr, ihre duftenden Blüten für die Nacht und verblüht am Morgen. Verwelkte Blüten entferne ich regelmäßig, damit neue Blüten wachsen. Gegen Ende der Saison lasse ich die Blüten bzw. die Früchte ausreifen, damit ich Samen für das nächste Jahr bekomme.

ANBAUPLAN

FAMILIE: Nyctaginaceae
SORTEN: ‘Marbles Jaune Blanc’, ‘Marbles Jaune Rouge’

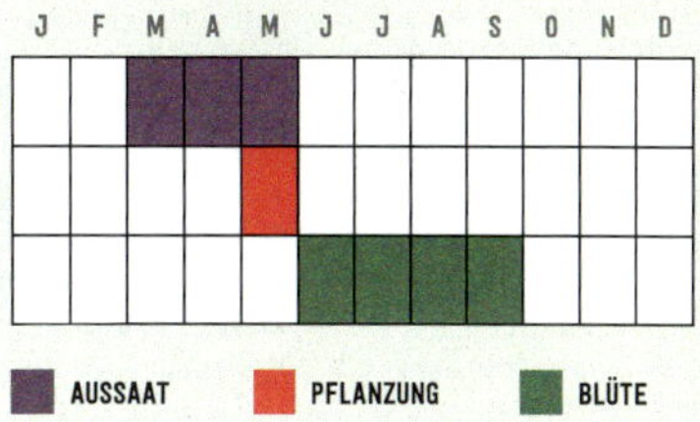

Ysop – *Hyssopus*

Ysop ist eine sehr hübsche, nektarreiche Pflanze mit leuchtend blauen Blüten. Ich säe ihn im März/April unter Schutz oder im Mai draußen etwa 1 cm tief in eine Anzuchtschale aus. Pikiert und auf einzelne Töpfe verteilt werden die Pflänzchen, sobald sie 4–5 cm groß sind, in die Kulturkübel pflanze ich sie ab einer Höhe von 15–20 cm. Später ist es bei dieser Staude möglich, die Wurzelstöcke zur Vermehrung auf die gleiche Weise wie bei Schnittlauch zwischen März und September zu teilen.

ANBAUPLAN

FAMILIE: Lamiaceae

WISS. NAME: *Hyssopus officinalis*

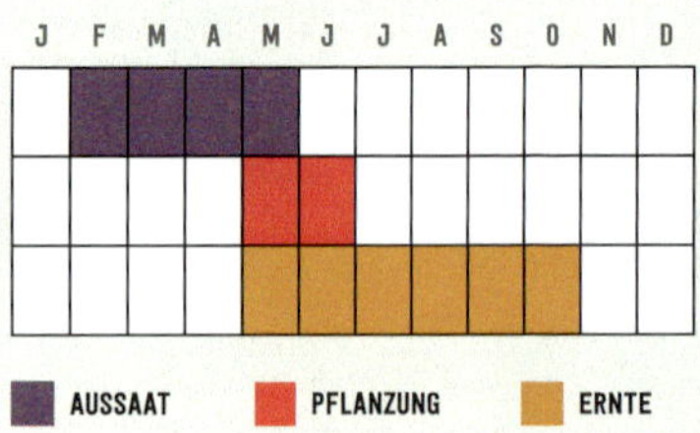

Zichoriensalate – *Cichorium*

Ich säe in Anzuchttöpfe oder -schalen. Wenn die Pflanzen 2 echte Blätter haben, vereinzele ich sie in kleine Töpfe, und sobald sie sich ausreichend entwickelt haben, pflanze ich sie in die Kulturkübel aus.

ANBAUPLAN

FAMILIE: Asteraceae

SORTEN: 'Frisée Wallonne' und 'Frisée Fine de Louviers' (krausblättrige Endivien), 'Orchidea Rossa', 'Roter von Verona' und 'Grumolo Verde' (Rosettenzichorien), 'Pain de Sucre' (Zuckerhut)

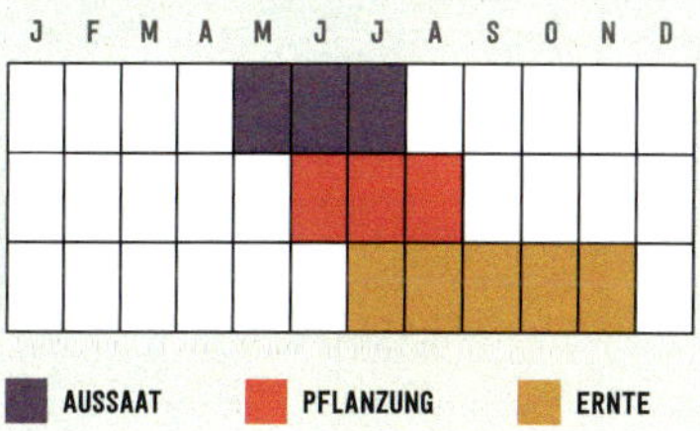

Zucchini – *Cucurbita*

Auf meiner Wunschliste der Testkandidaten steht noch 'Petite Grise d'Alger', eine frühe und sehr ertragreiche Sorte aus Algerien (wie der Name schon sagt).
Auch wenn man im April säen könnte, bringe ich die Samen gewöhnlich erst Anfang Mai in einen größeren Anzuchttopf mit einer Mischung aus Pflanzenerde und Kompost oder reifem Mist aus. Ich lege nur einen Samen pro Topf, damit die Pflanze viel Platz zum Wachsen hat. Nach den Eisheiligen setze ich die Zucchini-Pflanze in den sonnig platzierten Kulturkübel um. Dieser sollte mindestens 30 cm im Durchmesser und 30–40 cm in der Höhe haben.
Zucchini brauchen wie alle Kürbisgewächse viele Nährstoffe. Daher setze ich sie in eine Mischung aus Pflanzenerde und Kompost oder reifem Mist. Während der gesamten Anbauphase dünge ich mit verdünnter Wurmkompost-Brühe.
Ich gieße sehr regelmäßig, ohne die Blätter nass zu machen, damit die Pflanze gut wächst und kein Mehltau entsteht.
Die Zucchini ernte ich jung, wenn sie etwa 15 cm lang sind, damit die Pflanze zur weiteren Fruchtbildung angeregt wird.
Viele Hobby-Gärtner wissen nicht, dass die Blüten der Zucchini ebenfalls essbar sind – am besten im Teigmantel. Ernten Sie dazu nur die männlichen Blüten (die Blüte sitzt auf einem langen dünnen Stiel), da die weiblichen Blüten (die an den Mini-Zucchinis hängen) noch Früchte bilden können. Um die Bestäubung zu begünstigen setze ich mindestens zwei Zucchini-Pflanzen. Für eine versetzte Ernte bis in den Herbst hinein säe ich erneut Ende Juni/Anfang Juli einige Pflanzen ein.

ANBAUPLAN

FAMILIE: Cucurbitaceae
SORTE: 'Gold Rush'

	J	F	M	A	M	J	J	A	S	O	N	D
AUSSAAT				■	■	■						
PFLANZUNG					■	■						
ERNTE						■	■	■	■	■		

Zwiebel – *Allium*

Ich säe die weißen Zwiebeln ('Blanc de Paris') von Mitte August bis Mitte September breitwürfig in Töpfe oder Schalen und in das Kulturbeet in Reihensaat. Direkt am Platz pikiere ich die Pflänzchen zwischen Mitte Oktober und Mitte November. Die Ernte erfolgt ab dem Frühling.
Die gelbe Sorte 'Jaune Paille des Vertus' wird auf die gleiche Weise wie die Silberzwiebel gesät. Allerdings versetze ich sie zeitlich und säe im März, pikiere im Mai/Juni und ernte sie im September/Oktober.

ANBAUPLAN

FAMILIE: Alliaceae

SORTEN: 'Blanc de Paris' (Pariser Silberzwiebel), 'Jaune Paille des Vertus'

	J	F	M	A	M	J	J	A	S	O	N	D
AUSSAAT		■	■	■				■	■	■		
PFLANZUNG			■	■	■	■			■	■	■	
ERNTE				■	■	■	■	■	■	■		

AUSSAAT PFLANZUNG ERNTE

GEMEINSCHAFTS-GÄRTEN

VOM BALKON ZUM GEMEINSCHAFTSGARTEN

Ein gemeinsam genutzter, kollektiver Garten, das ist in den meisten Fällen ein Garten, der von einer Gruppe von Einwohnern in einer Art Vereinsform gemeinschaftlich bewirtschaftet wird. Ich entdeckte dieses Konzept im Jahr 2013 bei der Umgestaltung eines öffentlichen Platzes in meinem Stadtviertel.

Nach einem Jahr der Vorbereitung wurde das Projekt auf einer passenden Fläche mit einer Gruppe von Bewohnern unterschiedlichen Alters und verschiedener sozialer Milieus sowie einigem Equipment wie Regentonne und Komposter in die Tat umgesetzt. So wurde ich zur glücklichen Gärtnerin einer 3 m² großen Parzelle, die mir erste gärtnerische Experimente draußen ermöglichte.

Weil ich mich für diesen Gemeinschaftsgarten engagieren wollte, wurde ich Mitglied im Organisationsteam. Während dieser Zeit konnte ich mit Hilfe einer kleinen Gruppe motivierter Gärtner den Garten zum Leben erwecken, indem auch kulturelle, soziale und lehrreiche Veranstaltungen dort ausgerichtet wurden: Gärtnern lernen, Bilderausstellungen oder Picknicks. Der Garten stand Bildungsinstitutionen offen, darunter eine Vorschule, eine Mittelschule und ein Gymnasium. In diesem Zusammenhang wurde mir klar, dass ich gerne Wissen vermittle.

2016 nahm ich an einem Treffen anderer Stadtgärtner außerhalb meines Wohnortes teil, weil ich meinen Horizont erweitern und meine Neugier befriedigen wollte. Ich lernte dabei weitere Modelle funktionierender Gemeinschaftsgärten kennen und dass jeder dieser Gärten einzigartig und aus der Vorstellung seiner Nutzer entstanden ist. Auch schloss ich Freundschaften.

Diese Erfahrung mit dem Gemeinschaftsgarten war auf vielen Ebenen bereichernd für mich, besonders als Begegnungsstätte und verbindendes Element. Ich habe meine Nachbarn und Mitbewohner im Stadtviertel kennengelernt, später andere Bürger aus meiner Stadt. Der Weg führte deutlich spürbar auch über die Kinder, die neugierig den Garten besuchten.

LEIDENSCHAFT WEITERGEBEN

Nachdem ich über einige Jahre hinweg Wissen und Erfahrung mit dem Gärtnern gesammelt habe, wollte ich unbedingt auch die dritte Säule der Permakultur leben: „Vielfalt schaffen und den Überfluss teilen“. Ich hegte den Traum, einen Verein für Umwelterziehung zu gründen. Das Projekt reifte zwei Jahre und dann gründete ich mit einer meiner Freundinnen, Alice Dujardin, den Verein „Le Jardin Nourricier“.

Mein Ziel ist es, meine Leidenschaft für das Gärtnern durch diesen Verein in die breite Öffentlichkeit bis hin zu den Jüngsten zu tragen. Sie sollten in eine Interaktion mit der Natur treten, entdecken, wie das Gemüse wächst und den Wechsel der Jahreszeiten spüren. Kinder wie Cyril mit 4 Jahren, die ich seit gut zwei Jahren in meinen Gartenhäusern begrüße, oder auch Allan, der heute 7 Jahre alt ist und immer wieder in den Gemeinschaftsgarten kommt, seit er 2 Jahre alt war, sind dafür sehr offen und fordernd.

Als ich Teilnehmer eines Gemeinschaftsgartens wurde, träumte ich lediglich vom Anbau und war meilenweit von der Vorstellung entfernt, dass dadurch meine Leidenschaft noch verstärkt würde und dass ich mich der Weitergabe von Wissen widmen würde und in meiner Kommune an der Gründung eines Vereins teilhätte ...

„Folge Deinen Träumen, die kennen den Weg ...“.

Dieses Zitat eines anonymen Autors bekommt damit einen ganz besonderen Sinn.

ZUM SCHLUSS: INSPIRATION UND MOTIVATION

Ich widme dieses Buch all jenen Menschen, die Lust auf Garten verspüren, aber sich nicht trauen, weil sie Misserfolge fürchten oder nicht wissen, wie man Pflanzen anbaut. Ich möchte Sie ermutigen, die erste Kultur anzulegen, egal wie klein der Balkon oder die Fensterbank ist und selbst wenn Sie nur einen Balkonkasten vor dem Fenster haben. Sie können jederzeit anfangen.
Richten wir uns nach dem chinesischen Sprichwort „Der beste Zeitpunkt zum Pflanzen eines Baumes war vor 20 Jahren. Der zweitbeste ist jetzt.“ Denken Sie nicht an Ihre Angst zu scheitern, sondern an Winston Churchills Ausspruch „Der Erfolg liegt darin, von einem Misserfolg zum nächsten zu schreiten, ohne die Leidenschaft zu verlieren.“ Und halten Sie durch, denn wie Leon Trotzky so treffend sagte: „Beharrlichkeit macht das Unmögliche möglich, das Mögliche wahrscheinlich und das Wahrscheinliche real.“ Ich hoffe aus tiefster Seele, dass ich Ihnen Lust und Inspiration vermitteln konnte, so dass auch Sie zu gärtnern beginnen – denn das hat schließlich viele Vorteile.

- Verbinden Sie sich mit der Natur und dem Leben, lassen Sie sich verzaubern – vor allem in der Stadt.
- Finden Sie den Rhythmus der Natur und die Jahreszeiten mithilfe des Gärtnerns wieder.
- Finden Sie auch den Bezug zur Nahrung und deren Herkunft wieder und verspeisen Sie glücklich die Früchte der eigenen Arbeit.
- Entdecken Sie neue Geschmacksrichtungen durch den Anbau von Sorten, die es selten im Lebensmittelhandel gibt.
- Tragen Sie mit Freude zum Erhalt der Artenvielfalt bei – je nach persönlicher Maßgabe.
- Schaffen Sie eine Verbindung mit Gleichgesinnten innerhalb der Gemeinschaft von Amateurgärtnern.
- Verringern Sie den Stress des urbanen Lebens, verändern Sie den Blickwinkel und finden Sie zu mehr Gelassenheit.

BEZUGSADRESSEN

Saatgut kaufen
Arche Noah
www.arche-noah.at

Bingenheimer Saatgut
www.bingenheimersaatgut.de

Dreschflegel GbR
www.dreschflegel-saatgut.de

Garten des Lebens
www.garten-des-lebens.de

Saat.Gut
www.samenfestes-saatgut.de

Grüner Tiger
www.gruenertiger.de

Himmlische-Saaten
www.himmlische-saaten.de

Saat & Gut
www.saat-und-gut.de

Sativa Biosaatgut GmbH
www.sativa.bio

Vereine und Initiativen zum Erhalt der Artenvielfalt
Dachverband Kulturpflanzen Nutztiervielfalt e. V.
Burghofstraße 116
D-53229 Bonn
E-Mail: gura@dinse.net
www.kulturpflanzen-nutztiervielfalt.org

Garten des Lebens
Annette Holländer & Hans Sondermeier
Hergertswiesen 2 / Friedelhof
D-86495 Eurasburg
Tel.: (08208) 95 98 350
E-Mail: kontakt@garten-des-lebens.de
www.garten-des-lebens.de

ProspecieRara
Schweizerische Stiftung für die kulturhistorische und genetische Vielfalt von Pflanzen und Tieren
Hauptsitz:
Unter Brüglingen 6
CH-4052 Basel
Telefon +41 61 545 99 11
E-Mail: info@prospecierara.ch
www.prospecierara.ch

Vermehrungsgarten Hannover
Kornelia Stock
Hausmannstraße 9–10
D-30159 Hannover
Tel.: (0511) 1 64 03 33
E-Mail: vermehrungsgarten@htp-tel.de
www.vermehrungsgarten.de

VEN – Verein zur Erhaltung der Nutzpflanzenvielfalt e. V.
c/o Barbara Féret
Mondrianplatz 11
D-36041 Fulda
Tel.: (04847) 809 70 58
(Hanni Albertsen)
E-Mail: geschaeftsstelle@nutzpflanzenvielfalt.de
www.nutzpflanzenvielfalt.de

VERN – Verein zur Erhaltung und Rekultivierung von Nutzpflanzen in Brandenburg e. V.
Burgstr. 20
D-16278 Greiffenberg/Uckermark
Tel.: (033334) 702 32
E-Mail: vern_ev@freenet.de
www.vern.de

Arche Noah – Gesellschaft für die Erhaltung der Kulturpflanzenvielfalt & ihre Entwicklung
Obere Straße 40
A-3553 Schiltern
Tel.: +43(0) 2734 – 8626
E-Mail: info@arche-noah.at
www.arche-noah.at

LITERATUREMPFEHLUNGEN

Albouy, Vincent: **Das Wunder der Bestäubung.** Warum die Arbeit von Bienen und Co. im Garten lebenswichtig ist. Verlag Eugen Ulmer 2020.

Gastl, Markus: **Permakultur und Naturgarten.** Nachhaltig gärtnern mit dem Drei-Zonen-Modell. Verlag Eugen Ulmer 2021.

Lorey, Heidi: **Gemüse und Blumen aus eigenem Saatgut.** Samen vermehren und erhalten. Verlag Eugen Ulmer 2017.

Schwarzer, Elke: **Plastikfrei gärtnern.** Über 150 nachhaltige Alternativen und Upcycling-Ideen. Verlag Eugen Ulmer 2021.

Windsperger, Ulrike: **Handbuch Permakultur.** Verlag Eugen Ulmer 2019.

DANK

Ich widme dieses Buch meiner leider allzu früh verstorbenen jüngeren Schwester Olga, die ihren Garten an ihrem Haus in Papeete in Französisch-Polynesien bestellte.

Ich widme es meiner siebenjährigen Nichte Jeanne und meinem elfjährigen Neffen Elias. Ich bin glücklich, dass beide dank regelmäßiger Gartenpraxis seit der Kinderkrippe und in Vor- und Grundschule eine große Gartenfreude entwickelt haben.

Ich danke Evaine Merle, Thibaut Schepman, Arlette Tsimba, Charles Carpentier, Céline Tuo, Paul Cheam, Hella-Nawel und Jalil Oussalah für ihre schönen Beiträge.

Ein herzlicher Dank geht an den Verlag Éditions Ulmer, besonders Antoine, Lila, Guillaume und Noémie, da man mir die Möglichkeit gab, meine Leidenschaft für Saatgut und Gartenbau weiterzugeben.

REGISTER

HIER KÖNNEN SIE WEITERLESEN

Gemüse ins Blumenbeet!
Kreativ gärtnern mit Dahlie, Artischocke & Co.
H. Lorey. 2021.
192 Seiten, 120 Farbfotos, 4 farbige Zeichnungen, Klappenbroschur.
ISBN 978-3-8186-1274-0.

Gemüsepflanzen stehen meist für sich in einem Extrabeet. Dabei können sie überall wachsen – Hauptsache, der Standort stimmt. Werfen Sie die strikte Trennung von Nutz- und Ziergarten über Bord, und erfahren Sie hier, wie sich Gemüse- und Zierpflanzen auch ohne die strengen Regeln der Mischkultur miteinander kombinieren lassen! Denn: Gemüse ist ein 1-a-Gestaltungselement und kann prima in Blumenbeete integriert werden. Lassen Sie sich inspirieren und entdecken Sie neben teils essbaren Zierpflanzen diverse Gemüsearten und -sorten, die nicht nur lecker schmecken, sondern auch super aussehen! Tolle Pflanzenkombis und wichtige Pflegetipps inklusive – für einen gesunden, vielfältigen Garten!

SCHÖNE BEETE LEICHT GEMACHT

Schnell, einfach, blüht.
Pflegeleichte Blumenbeete
für jeden Garten.
R. Hudak, H. Harazim. 2019.
144 Seiten, 167 Farbfotos,
11 farbige Zeichnungen,
Klappenbroschur.
ISBN 978-3-8186-0085-3.

Sie haben einen Garten, aber wenig Zeit dafür? Sie wünschen sich ein Blumenbeet, aber Ihnen fehlt der grüne Daumen? Ab jetzt ist Schluss mit der Tristesse, denn mit diesem Buch finden Sie und Ihr perfektes Blumenbeet endlich zueinander! Ganzjährig, pflegeleicht und traumhaft schön – ausgehend von Ihrer Gartensituation wählen Sie aus verschiedenen Musterbeeten Ihr persönliches Lieblingsbeet. Ob groß oder klein: Mithilfe eines Pflanzplanes ist auch das Anlegen des Beetes kein Problem. In den dazugehörigen Pflanzenporträts lernen Sie außerdem alles Wichtige über Pflege und Vorlieben Ihrer neuen Beetbewohner.

Valéry Tsimba und ihr Permakultur-Balkon in den sozialen Netzwerken:
Facebook: @JardinNourricier-Permaculture
Instagram: @lejardinnourricier

BILDQUELLEN

Alle Fotografien von Valéry Tsimba mit Ausnahme der folgenden:
David Kisver/Shutterstock.com: Seite 122; Elsa_Cadic/Shutterstock.com: Seite 133 re.; fotookamziky/Shutterstock.com: Seite 118; Greens and Blues/Shutterstock.com: Seite 135; Hein Nouwens/Shutterstock.com: Tomate (Buchrücken), Radieschen (Kolumnentitel); Kowalzik, Doris: Seite 102 re.; LianeM/Shutterstock.com: Seite 139 re.; Lotip/Shutterstock.com: Seite 131; Merle, Evaine: U1, Seite 2, 9, 10, 12/13, 30, 32, 41, 53, 65, 72, 103 re., 146/147, 151 o., 151 u.; Miroslav Hlavko/Shutterstock.com: Seite 142; nnattalli/Shutterstock.com: Seite 109 re.; Paul Cheam: Seite 16.

IMPRESSUM

Anmerkung zur Schreibweise (Gendering): Gendergerechtigkeit und Inklusion sind bei uns gelebte Praxis – bei der Auswahl unserer Themen, bei der Recherchearbeit, in der Gestaltung. Unsere Texte meinen alle. Damit unsere Inhalte jedoch gut lesbar bleiben, verzichten wir in diesem Werk auf die jeweilige Mehrfachnennung oder Anpassung der Schreibweise bestimmter Bezeichnungen an die weibliche, männliche oder diverse Form.

Bibliografische Information der Deutschen Nationalbibliothek
Die Deutsche Nationalbibliothek verzeichnet diese Publikation in der Deutschen Nationalbibliografie; detaillierte bibliografische Daten sind im Internet über http://dnb.d-nb.de abrufbar.

Die französische Originalausgabe erschien 2021 unter dem Titel Valérie Tsimba, Mon balcon nourricier en permaculture.

www.editions-ulmer.fr

Wollgrasweg 41, 70599 Stuttgart (Hohenheim)
E-Mail: info@ulmer.de
Internet: www.ulmer.de

Projektleitung: Doris Kowalzik
Übersetzung: Sabine Hesemann
Lektorat: Sabine Drobik, Doris Kowalzik
Herstellung: Katharina Merz
Umschlaggestaltung: red.sign, Stuttgart: Anette Vogt
Satz: Fotosatz Buck, Kumhausen
Reproduktion: time:ray, Jettingen
Druck und Bindung: Firmengruppe Appl, aprinta Druck, Wemding
Printed in Germany

ISBN 978-3-8186-1520-8